प्राचीन काव्य-संग्रह

सम्पादक
डॉ. राजदेव सिंह
प्रोफेसर एवं अध्यक्ष, हिन्दी विभाग
हिमाचल प्रदेश विश्वविद्यालय, शिमला

वाणी प्रकाशन

वाणी प्रकाशन
4695, 21-ए, दरियागंज, नयी दिल्ली 110 002
शाखा
अशोक राजपथ, पटना 800 004
फ़ोन : +91 11 23273167 फ़ैक्स : +91 11 23275710
www.vaniprakashan.in
vaniprakashan@gmail.com
sales@vaniprakashan.in

PRACHIN KAVYA-SANGRAH
Edited by Dr. Rajdev Singh

ISBN : 978-93-87889-74-3

संस्करण 2003, 2009
आवृत्ति 2018

मूल्य : ₹ 35

रजौरिया प्रिंटर्स, दिल्ली-110 093 में मुद्रित

वाणी प्रकाशन का लोगो मक़बूल फ़िदा हुसेन की कूची से

समर्पण :

उन सपनों को
जिन्हें
बचपन में ही देखने लगा था
तथा
उन छात्रों और अध्यापकों को
जिनके लिए
इस संग्रह को सम्पादित किया गया है।

अनुक्रम

प्रस्तुत संग्रह

यह संग्रह स्नातक कक्षा के विद्यार्थियों के लिए तैयार किया गया है। इसमें भक्तिकाल और रीतिकाल के कुल छः श्रेष्ठ प्रतिनिधि कवियों की सरल और सरस कविताओं का संग्रह किया गया है। प्रयास यह भी किया गया है कि कविताएँ सरल और सुबोध ही न हों बल्कि वे प्रतिनिधि कविताएँ भी हों। घनानंद को छोड़कर शेष सभी—कबीर, जायसी, सूर, तुलसी और बिहारी—की एक बहुत बड़ी विशेषता यह है कि वे मामूली आदमी के भी आदरणीय कवि हैं और शास्त्र-प्रवीण आचार्यों के भी आदरणीय कवि हैं। समझ कम हो तो भी इनकी कविताएँ समझ में आती हैं और समझ बहुत हो तो इनके दुहरे-तिहरे-चौहरे अर्थ भी दिखाई पड़ते हैं। जहाँ तक घनानंद का सवाल है, उनकी बात और भाषा दोनों मामूली आदमी की समझ के बाहर हैं। उनका प्रेम, उनका विरह, उनका मिलन और इन सबको अभिव्यक्त करनेवाली उनकी भाषा आसानी से समझ में नहीं आती, लेकिन जब समझ में आ जाती है तो लगता है उनका प्रेम, उनका विरह सब बहुत-बहुत सच्चा है, उनकी भाषा बहुत अर्थवती है। कहते हैं बिहारी ने गागर में सागर भर दिया है। मुझे लगता है गागर में सागर भरने की शक्ति घनानंद में बहुत अधिक है।

हिंदी-साहित्य के इतिहास को चार कालों में बाँटा जाता है—आदिकाल (10वीं से 14वीं शती), भक्तिकाल (15वीं से 17वीं शती), रीतिकाल (17वीं से 19वीं शती) और आधुनिककाल (19वीं शती से)। इस संग्रह में भक्तिकाल और रीतिकाल के कवियों को स्थान दिया गया है। लेकिन इस बात को विनम्रतापूर्वक कहा जा सकता है कि आधुनिककाल से पहले की समूची हिंदी कविता का प्रतिनिधि अंश इस संग्रह में आ गया है।

हिंदी साहित्य के आदिकाल को लेकर बहुत विवाद है। आदिकाल का आरंभ दसवीं शती से माना जाता है। भाषा वैज्ञानिक कहते हैं कि हिन्दी आदि समस्त भारतीय भाषाओं का जन्म दसवीं शताब्दी में हुआ है। भाषा जन्म लेते ही

काव्य की भाषा नहीं बन जाती। काव्यभाषा बनने में शताब्दियाँ लग जाती हैं। हिंदी को भी काव्यभाषा बनने में शताब्दियाँ लगीं। आदिकाल का जो साहित्य उपलब्ध है उससे साफ लगता है कि सामान्य बोलचाल की भाषा धीरे-धीरे काव्यभाषा बन रही है। लेकिन बन ही रही है।

हिंदी काव्यभाषा का पहला सहज रूप हमें कबीर की भाषा में दिखाई देता है। जायसी, सूर, तुलसी, बिहारी और घनानंद के काव्य में काव्यभाषा हिंदी का रूप क्रमशः निखरता-पखरता गया है—उसमें निखार और परिष्कार आता गया है। यही कारण है कि अपने 'इतिहास' में आदिकाल के बाद भक्तिकाल की चर्चा शुरू करने के पहले आचार्य हजारीप्रसाद द्विवेदी ने एक शीर्षक दिया है—'वास्तविक हिंदी साहित्य का प्रारंभ।' इस संग्रह में, किसी विवाद में पड़े बिना, इसी वास्तविक हिंदी-साहित्य के प्रारंभ से लेकर आधुनिक साहित्य के पहले तक के प्रतिनिधि कवियों की प्रतिनिधि कविताओं का संकलन किया गया है।

आज के विद्यार्थियों के सामने प्राचीन कविता के अध्ययन में एक बड़ी कठिनाई भाषा की आती है। पुराने कवियों की भाषा ब्रजी है या अवधी या दोनों का मिश्रित रूप है। खड़ी बोली जानने वालों को वह भाषा समझने में कठिनाई होती है। लेकिन एक सुविधा भी है। यदि भाषा समझ में आ जाए तो प्राचीन कवियों के विचार झट समझ में आ जाते हैं। संग्रह के अंत में दी गई टिप्पणी में पूरी कोशिश की गई है की भाषा को आसानी से समझा जा सके। मेरा विश्वास है कि टिप्पणियों को साथ रखकर पढ़ा जाए तो अध्यापक की सहायता के बिना, सामान्य विद्यार्थी भी संग्रह की सारी कविताओं को आसानी से समझ सकता है।

संग्रह की कविताओं का पाठ प्रामाणिक ग्रंथों से लिया गया है, अतः उनको प्रामाणिक मानकर अर्थ करना ठीक रहेगा। संग्रह में कविताओं के पहले अत्यंत संक्षेप में कवियों का साहित्यिक परिचय भी दिया गया है। कवियों का यह परिचय उनकी कविता को समझने में सहायता दे, इसका भी ध्यान रखा गया है।

आशा है, संग्रह पसंद आएगा। सुधार के लिए सुझाव आमंत्रित हैं।

13 अप्रैल, 1988
बैशाखी

—राजदेव सिंह

कबीरदास

[जन्म 1399 ई., मृत्यु 1518 ई.]

हिंदी की निर्गुण राम भक्तिधारा के प्रवर्त्तक कबीरदास अपने जमाने के बहुत-बहुत सम्मानित व्यक्ति थे। निर्गुण संप्रदाय के प्रायः सभी समकालीनों और परवर्तियों ने उन्हें अपना गुरु माना है और बहुत आदर से याद किया है। आश्चर्य है कि इसके बावजूद उनकी जीवन संबंधी सूचनाओं का अभाव है। सूचनाएँ मिलती ही न हों ऐसी बात नहीं, पर उनमें अलौकिकता और अविश्वसनीयता का अंश अधिक मिलता है।

कहते हैं गुरु रामानंद ने भूल के कारण एक विधवा ब्राह्मणी को पुत्रवती होने का आशीर्वाद दे दिया था। कबीरदास का जन्म उसी विधवा ब्राह्मणी के गर्भ से हुआ था। कबीर के प्रधान शिष्य धर्मदास का कहना है कि कबीर का जन्म नहीं, अवतार हुआ था। बादलों की गरज, बिजली की चमक और घोर बारिश के बीच काशी के लहरतारा नामक तालाब में खिले कमल पर कबीर साहब प्रकट हो गए थे। विधवा ब्राह्मणी के गर्भ से जन्म में विश्वास करने वाले भी कहते हैं कि उक्त ब्राह्मणी समाजभय से, नवजात शिशु को लहरतारा तालाब पर फेंक आई थी जहाँ से लाकर नीरू-नीमा नाम के जुलाहा दंपत्ति ने इनका पालन-पोषण किया था।

कबीर संप्रदाय में माना जाता है कि कबीरदासजी का जन्म संवत् 1456 (सन् 1399 ई.) की ज्येष्ठ पूर्णिमा को हुआ था। उस दिन सोमवार था—

> चौदह सौ पचपने साल गए चंद्रवार एक ठाठ ठए।
> जेठ सुदी बरसायत को पूरनमासी प्रगट भए।

हर तरह की उपलब्ध सूचनाओं से यही पता चलता है कि कबीरदास का जन्म सन् 1399 में काशी में हुआ था, एक जुलाहा दंपत्ति ने इन्हें पाला था तथा

रामानंद इनके गुरु थे। कबीर की मृत्यु सन् 1518 ई. में माघ शुक्ल एकादशी को मगहर में मानी जाती है।

कबीर द्वारा साक्षी, सबद व रमैणी बहुतायत मात्रा में कहे गए हैं किन्तु विद्वानों द्वारा यह माना जाता है कि उसमें से काफी कुछ प्रक्षिप्त है। उनकी रचनाओं का कोई भी संग्रह ऐसा नहीं मिलता जिसके बारे में यह कहा जा सके कि यह उनके समय की रचना है। कबीर संप्रदाय में 'बीजक' को सबसे अधिक मान्यता दी जाती है। 'गुरुग्रंथ साहब' में संकलित कबीर वाणी को भी प्रामाणिक माना जाता है। इसका सम्मान प्राचीनता की दृष्टि से है। साहित्यजगत् में बाबू श्यामसुंदर दास, डॉ. माताप्रसाद गुप्त, डॉ. पारसनाथ तिवारी और डॉ. जयदेव सिंह एवं वासुदेव सिंह द्वारा संपादित ग्रंथावलियों को मान्यता दी जाती है।

कबीरदास ने अपनी कविता में पद शैली, रमैणी शैली और साखी शैली का उपयोग किया है। पदों को संत संप्रदायों में 'शबद' कहा जाता है। शबद या शब्द गेय पद हैं, जिन्हें विभिन्न राग-रागियों के अंतर्गत वर्गीकृत किया गया है। 'बीजक' संप्रदाय-ग्रंथ है, अतः उसके पदों में ज्ञान-प्रधानता और आक्रामकता अधिक है। गुरु ग्रंथ साहब तथा कबीर ग्रंथावली के पदों में भक्ति और आत्म-समर्पण के भावों की प्रधनता है। रमैनियाँ चौपाई-दोहा छंद के मेल से या केवल चौपाई-छंद में लिखी गई हैं। 'बीजक' में संग्रहीत रमैनियों में साधारणतः सात-सात चौपाइयों के बाद एक-एक दोहा रखा गया है। इनमें से कुछ रमैनियाँ गुरुग्रंथ साहब में भी मिल जाती हैं। रमैनी की शैली वही है जिसे जायसी ने 'पद्मावत' में और तुलसी ने 'रामचरितमानस' में अपनाया है। साखियाँ दोहा छंद में लिखी गई हैं। साखी का अर्थ है साक्षी अर्थात् गुरु के उपदेश। आचार्य हजारीप्रसाद द्विवेदी का अनुमान है कि "शुरू-शुरू में गुरु के सभी उपदेशों को—चाहे वे जिस किसी छंद में लिखे गए हों 'साखी' कहा जाता होगा। बाद में दोहा छंद में लिखी वाणियों का साखी नाम रूढ़ हो गया है। गुरुग्रंथ साहब में साखियों को 'सलोकु' कहा गया है।

आजकल सच्चे और अच्छे कवि के रूप मे कबीर का उल्लेख बार-बार किया जाता है। लेकिन यह बहुत नई बात है। पहले ऐसा नहीं था। कबीर को वाणी का डिक्टेटर और महान कवि मानने वालों ने भी कविता की अपेक्षा कबीर के व्यक्तित्व को अधिक महत्त्व दिया। आचार्य विश्वनाथप्रसाद मिश्र के मत में कबीर के काव्य में न काव्य की आत्मा है न काव्य का शरीर। इस सबके बावजूद आचार्य

शुक्ल ने इतना स्वीकार किया है कि 'भाषा बहुत परिष्कृत और परिमार्जित न होने पर भी कबीर की उक्तियों में कहीं-कहीं विलक्षण प्रभाव और चमत्कार है'।

यह माना जाता रहा है कि 'पंडित और गुनीजन को जोइ चित्त हरै सो कबित्त कहावै।' कबीर का काव्य इस सीमित कसौटी को स्वीकार नहीं करता। उनका काव्य उस कोटि का काव्य है जिसके पाठक या श्रोता पठित और अपठित, अभिजात और गँवार सभी हैं और सभी इसमें रस भी पाते हैं। इनकी कविता को पंजाब से बंगाल तक, हिमाचल से गुजरात तथा मालवा तक के विशाल भू-भाग में समझा तथा सराहा जाता है। इस काव्य ने अनपढ़ और गँवार में भी आत्मगौरव का भाव जगाया है, उन्हें दुर्गति, हीनता और परमुख-पेक्षिता से ऊपर उठाकर उनकी आत्मा को तेजोद्दीप्त किया है, उन्हें परदुःखकातर और तेजोद्दीप्त बनाया है। यह काव्य अपनी अनंत अर्थगर्भता के बावजूद सहज, सुबोध और विलक्षण प्रभाव वाला है।

कबीर अपने वर्तमान के प्रति पूर्णतः जाग्रत चेतना वाले व्यक्ति थे। उन्होंने जीवन और जगत् के यथार्थ को खुली आँखों से देखा था। उन्होंने अनुभव किया था कि झूठी बातों को सच मानकर लोग उनमें बेबस की तरह उलझ रहे हैं। धर्म और दर्शन, वर्ण और आश्रय, ऊँच और नीच, ब्राह्मण और शूद्र, वेद और शास्त्र, तप और तीर्थ, व्रत और पूजा, धन और यौवन—इन्हीं के मद में सारा संसार मत्त है। मनुष्य सिद्धांत और व्यवहार के दुहरे स्तरों पर जीता है, उसकी कथनी-करनी में भेद है—मुँह में राम बगल में छुरी। एक दो की हालत ऐसी हो ऐसा भी नहीं है—'एक न भूला, दोय न भूला, भूला सब संसार।' लोग जानबूझकर सच्चाई को छोड़ देते हैं और झूठ से जुड़े रहते हैं। कबीर ने अपने काव्य में इस सच्चाई को खोलकर सामने रखा है और भगवान् ने अपनी प्रेमलीला के लिए जिस संसार की सृष्टि की है, उसका आनंद लेने की प्रेरणा दी है।

अपनी कविता के लिए कबीर ने जिस भाषा का प्रयोग किया है, उसका मूल ढाँचा ब्रज, पूर्वी हिंदी, राजस्थानी, खड़ी बोली और अवधी के तत्त्वों से निर्मित है तथा उसमें फुटबाल रूप से पश्चिमी राजस्थानी और भोजपुरी तथा अपवाद रूप से गुजराती और पंजाबी के तत्त्व पाए जाते हैं। इसी भाषा के सहारे कबीर ने हमारी रोजमर्रा की ज़िंदगी के सच्चे-खरे अनुभवों को सहज-सुबोध ढंग से अभिव्यक्त किया है। कबीर ने अपनी कविता जिस भाषा में लिखी है, वैष्णव भक्ति-काव्य के

उदय से पहले तक मध्यप्रदेश की वही समन्वित भाषा थी। भाषा वैज्ञानिक दृष्टि से कबीर की यह भाषा जायसी, सूर और तुलसी की भाषा की तरह जनपदीय बोली न होकर, उनकी अपेक्षा अधिक विस्तृत क्षेत्र में प्रयुक्त होनेवाली राष्ट्रभाषा थी। जायसी, सूर, तुलसी की जनपदीय भाषा से कबीर की भाषा इसी अर्थ में विशिष्ट है कि इसका आधार कोई एक निश्चित बोली न होकर विविध बोलियों का व्यापक और संश्लिष्ट रूप है। संस्कृत वाणी को आदर्श माननेवालों ने अनादर से इसे 'पंचमेल खिचड़ी' और 'सधुक्कड़ी' कहा है। भाषा वैज्ञानिक और समाजशास्त्रीय दृष्टि से कबीर की भाषा हिंदी जाति की राष्ट्रीय भाषा है, उसे ब्रज, अवध और भोजपुर के सीमित जनपदों में ही नहीं बल्कि समस्त हिंदुस्तान (पंजाब और बंगाल के उत्तर भारतीय मैदानी भाग) में समझा जाता था। वस्तुतः कबीर के काव्य में काव्य की आत्मा और काव्य का शरीर दोनों पर्याप्त पुष्ट और मनोहर हैं।

साखी

सतगुरु की महिमा अनंत अनंत किया उपगार।
लोचन अनंत उघारिमा अनंत दिखावनहार ॥ 1 ॥
ग्यांनप्रकासी गुर मिला सो जनि बीसरि जाइ।
जब गोबिंद क्रिया करी तब गुर मिलिया आइ ॥ 2 ॥
कबीर सतगुर नां मिला रही अधूरी सीख।
स्वाँग जती का पहिररि करि घरि घरि माँगै भीख ॥ 3 ॥
स्वामी सेवक एक मत मत मैं मत मिलि जाइ।
चतुराई रीझै नहीं रीझै मन कै भाई ॥ 4 ॥
हँसि हँसि कत न पाइऔ जिन पाया तिन रोइ।
हाँसी खेलाँ पिड मिलै तौ नहीं दुहागिनि कोइ ॥ 5 ॥
तूँ तूँ करता तूँ भया मुझ मैं रही न हूँ।
वारी तेरे नाउँ परि जित देखौं तित तूँ ॥ 6 ॥
जैसे माया मन रमै यों जे राँम रमाइ।
तौ तारामंडल बेधि कै सो अमरापुर जाइ ॥ 7 ॥
संत न छाँड़ै संतई जौ कोटिक मिलहिं असंत।
मलय भुवंगम बेढ़िऔ तऊ सीतलता न तजंत ॥ 8 ॥
कबीर जिन कछु जानिया तिन्ह सुखनीद बिहाइ।
मैं रे अबूझी बूझिया पूरी परी बलाइ ॥ 9 ॥
जाँनि बूझि साँची तजै करै झूठ सौं नेहु।
ताकी संगति राम जी सुपिनैं हू जनि देहु ॥ 10 ॥
सब घटि मेरा साँइयाँ सूनी सेज न कोइ।
भाग तिनहुं का हे सखी जिहिं घटि परगट होइ ॥ 11 ॥

कबीर बन बन मैं फिरा कारन अपनै रांम।
रांम सरीखे जन मिले तिन सारे सब कांम ॥ 12 ॥
अैसा कोई नाँ मिलै जासौं रहिए लागि।
सब जग जरता देखिया अपनी अपनी आगि ॥ 13 ॥
कबीर कूता रांम का मुतिया मेरा नांउँ।
गले रांम की जेंवरी चित खैंचै तित जांउँ ॥ 14 ॥
कस्तूरी कुंडलि बसै म्रिग ढूँढ़ै बन माँहिं।
अैसे घटि घटि रांम है दुनिया देखै नांहिं ॥ 15 ॥
नाँ कछु किया न करहिंगे नाँ करने जोग सरीर।
जो कछु किया सो हरि किया भया कबीर कबीर ॥ 16 ॥
हेरत हेरत हे सखी रहा कबीर हिराइ।
बूँद समाती समुंद मैं सो कत हेरी जाइ ॥ 17 ॥
आसा एक जु रांम की दूजी आस निरास।
जैसे सीप समंद मैं नहीं स्वाति बिन आस ॥ 18 ॥
कबीर एकै जाँनिया तौ जाँनां सब जाण।
जे वो एक न जाँनिया तौ सबही जाण अजाण ॥ 19 ॥
जिसु मरनैं तैं जग डरै सो मेरे आनंद।
कब मरिहौं कब भेटिहौं पूरन परमानंद ॥ 20 ॥
कायर बहुत पमादहीं बहकि न बोलै सूर।
काम परे ही जानिए किसके मुख परि नूर ॥ 21 ॥
भगति दुहेली राम की नहिं कायर का कांम।
सीस उतारै हाथ सौं सो लेसी हरि नाँम ॥ 22 ॥
कबीर यहु घर प्रेम का खाला का घर नाँहिं।
सीस उतारै हाथ सौं तब पैसे घर माँहिं ॥ 23 ॥

प्रेम न बारी ऊपजै प्रेम न हाटि बिकाइ।
राजा परजा जेहिं रुचै सीस देइ लै जाइ ॥ 24 ॥
हाड़ जरै ज्यों लाकरी केस जरै ज्यों घास।
सब जग जरता देखि करि भया कबीर उदास ॥ 25 ॥
एकै साधें सब सधै सब साधें सब जाइ।
उलटि जौ सींचै मूल कौं फूले फलै अघाइ ॥ 26 ॥
साधु भया तौ क्या भया बोलै नाँहि बिचारि।
हतै पराई आतमा जीभ बाँधि तरवारि ॥ 27 ॥
साँच बरोबरि तप नहीं झूठ बरोबरि पाप।
जाके हिरदै साँच है ताकगे हिरदै आप ॥ 28 ॥
अैसा यहु संसार है जैसा सैंबल फूल।
दिन दस के ब्योहार हैं झूठै रंगि न भूल ॥ 29 ॥
बहते को बहि जान दे गति पकड़ावौ ठौर।
समुझाए समुझै नहीं तौ देहु धका दुइ और ॥ 30 ॥
पाँनी केरा बुदबुदा अस मानुस की जाति।
देखत ही छिपि जाइंगे ज्यों तारा परभाति ॥ 31 ॥
माली आवत देखि कै कलियाँ करैं पुकार।
फूली फूली चुनिं गईं काल्हि हमारी बार ॥ 32 ॥
बड़ा हुआ तो क्या हुआ जैसे पेड़ खजूरि।
पंथी को छाया नहीं फल लागैं अति दूर ॥ 33 ॥
मूरख को सिखलावते ग्याँन गाँठि का जाइ।
कोयला होइ न ऊजरा सौ मन साबुन लाइ ॥ 34 ॥
तन कौं जोगी सब करैं मन कौं बिरला कोइ।
सब बिधि सहजैं पाइए जे मन जोगी होइ ॥ 35 ॥

मन के हारे हार है मन के जीते जीति।
कहै कबीर हरि पाइए मन ही की परतीति ॥ 36 ॥

रमैनी

तेहि साहिब के लागौ साथा। दुख सुख मेटि कै रहहु सनाथा ॥
नाँ जसरथ घरि औतरि आवा। नाँ लंका का राव सतावा ॥
देवै कोखि न अवतरि आवा। नाँ जसवै लै गोद खिलावा ॥
नाँ वै ग्वालन के संग फिरिया। गोबरधन लै नाँ कर धरिया ॥
बावन होइ नहीं बलि छलिया। धरनी बेद लै न ऊधरिया ॥
कहै कबीर बिचारि करि, ये ऊले ब्यौहार।
याही तैं जो अगम है, सो बरति रहा संसार ॥1 ॥

अलख निरंजन लखै न कोई। निरभै निराकार है सोई ॥
सुंनि असथूल रूप नहीं रेखा। दिष्टि अदिष्टि छिप्यौ नहीं पेखा ॥
बरन अबरन कथ्यौ नहीं जाई। सकल अतीत घट रह्यौ समाई ॥
आदि अंत ताहि नहिं मधे। कथ्यौ न जाई आहि अकथे ॥
अपरंपार उपजै नहिं बिनसै। जुगति न जाँनियै कथिये कैसैं ॥
जस कथिये तस होत नहीं, जस है तैसा सोइ।
कहत सुनत सुख उपजै, अरु परमारथ होइ ॥ 2 ॥

पंडित भूले पढ़ि गुनि बेदा। आपु अपनपौ जाँन न भेदा ॥
संझा तरपन अरु खटकरमाँ। लागि रहे इनकै आसरमाँ ॥
गायत्री जुग चारि पढ़ाई। पूछहुँ जाइ मुकुति किन पाई ॥
और के छुएँ लेत है सींचा। इनतैं कहहु कवन है नींचा ॥
कुल अभिमान बिचार तजि, खोजौ पद निरबाँन।
अंकुर बीज नसाइगा, तब मिलै बिदेही थाँन ॥3 ॥

सबद

रांम भजा सोइ जीता जग मैं। रांम भजा सोइ जीता रे।
हाथ सुमिरनी पेट कतरनी पढ़ै भागवत गीता रे।
हिरदै सुद्ध किया नहिं बोरे कहत सुनत दिन बीता रे।
आन देव की पूजा कीन्हीं हरि से रहा अभीता रे।
धन जोबन तेरा यहीं रहैगा अंत समय चलि रीता रे॥
बाँवरिया बन में फंद रोपै संग मैं फिरै निचीता रे।
कहै कबीर काल यौं मारै जैसे म्रिग कौं चीता है ॥1 ॥

झूठे तन को क्या गरबावै। मरै तो पल भरि रहन न पावै॥
खीर खाँड घृत पिंड सँवारा। प्राँन गएँ लै बाहरि जारा॥
जिहिं सिरि रचि रचि बाँधत पागा। सो सिरु चंचु सँवारहिं कागा॥
हाड़ जरै जैसे लकड़ी झूरी। केस जरै जैसे त्रिन कै कूरी॥
कहै कबीर नर अजहुँ न जागै। जम का डंड मूँड महिं लागै ॥2 ॥

चलत कत टेढ़े टेढ़े टेढ़े।
नऊँ दुआर नरक धरि मूँदे दुरगंधि ही के बेढ़े॥
जो जारै तौ होइ भसम तन गाड़े क्रिमि कीट खाई।
सूकर स्वान काग कौ भक्खिन तामैं कहा भलाई॥
फूटै नैन हिरदै नहिं सूझै मति एकौ नहिं जाँनी।
काँम क्रोध तिसनाँ के मारे बूड़ि मुएहु बिनु पाँनीं॥
रांम न जपहु कवन भ्रम भूले तुम तैं काल न दूरी।
कोटि जतन करि यहु तन राखहु अंत अवस्था धूरी॥
बालू के घरवा महिं बैसे चेतत नहीं अयाँनाँ।
कहै कबीर एक रांम भजे बिनु बूड़े बहुत सियाँना ॥3 ॥

माया महा ठगिनि हम जाँनी ।
तिरगुन फाँसि लिए कर डोले बोलै मधुरी वाँनीं ॥
केसव कै कंवला होइ बैठी सिव के भवन भवांनीं ।
पंडा कै मूरति होइ बैठी तीरथ हू मैं पाँनीं ॥
जोगी कै जोगिनि होइ बैठी राजा कै घरि रॉनीं ।
काहू कै हीरा होइ बैठी काहू कै कौड़ी काँनीं ॥
भगताँ कै भगतिनि होइ बैठी तुरकाँ कै तुरकाँनीं ।
दास कबीर साहेब का बंदा जाके हाथि बिकाँनी ॥ 4 ॥

पंडित बाद वदै सो झूठा ।
रांम कहे दुनियां गति पावै खाँड़ कहे मुख मीठा ॥
पावक कहें पाँव जे दाझै जल कहें त्रिखा बुझाई ।
भोजन कहें भूख जे भाजै तौ सब कोइ तिर जाई ॥
नर कै संगि सुआ हरि बोलै हरि परताप न जाँनै ।
जो कबहूँ उड़ि जाइ जंगल मैं बहुरि सुरति नहिं आनै ॥
साँची प्रीति बिखै माया सौं हरि भगतन सौं हाँसी ।
कहै कबीर प्रेम नहिं उपजै बाँधे जमपुर जासी ॥ 5 ॥

का नाँगे का बाँधे चाँम । जौ नहिं चीन्हसि आतम रांम ॥
नाँगे फिरें जोग जौ होई । बन का मिरग मुकति गया कोई ॥
मूँड़ मुड़ाएँ जौ सिधि होइ । सरगहिं भेंड़ न पहुँची कोई ॥
बिंदु राखि जौ तरिऔ भाई । तौ खुसरैं क्यूँ न परमगति पाई ॥
कहै कबीर सुनौ रे भाई । रांम नाँम बिन किन गति पाई ॥6 ॥

"जायसी के वर्णनों में उच्चतम साहित्य की अभिव्यक्ति हुई है। इसके शब्द नाप-तोलकर रखे गए हैं। भरती के लिए कहीं कुछ कह डालने की प्रवृत्ति का इस काव्य में नितांत अभाव है। कवि की शैली अल्पाक्षर विशिष्ट है। जहाँ चार शब्द कहने की संभावना हो वहाँ एक ही शब्द से वह काम चलाता है। अपने समय के लोक-जीवन, साहित्य और संस्कृति के उदार अंतराल में भरे हुए शब्दों तक कवि की अव्याहत गति थी। समकालीन संस्कृति के नाम और रूपों का उसे सूक्ष्मतम परिचय था, श्रेष्ठ प्रबंध-काव्य के सब विधान उसे हस्तामलक थे, अलंकार और काव्यगुणों पर उसका असामान्य अधिकार था एवं छंद की लय और स्वर में उसकी पूर्ण निष्ठा थी।"[1]

पद्मावत के अतिरिक्त 'अखरावट' और 'आखिरि कलाम' को आचार्य शुक्ल ने जायसी की प्रामाणिक कृति मानकर 'अपने द्वारा संपादित जायसी ग्रंथावली' में स्थान दिया है। 'चित्ररेखा' को भी जायसी की प्रामाणिक रचना माना जाता है, जिसे डॉ. शिवसहाय पाठक ने संपादित किया है। डॉ. पाठक के कृष्णकथा से संबद्ध 'कन्हावत' नाम की एक बड़ी काव्यकृति का प्रकाशन भी कराया है और उसे जायसीकृत कहा है। इनके अतिरिक्त पुस्तकों की एक लंबी सूची है, जिन्हें जायसीकृत बताया जाता है लेकिन अभी तक उनकी प्रामाणिकता स्वीकृत नहीं हुई है।

कबीर, सूर, तुलसी, बिहारी आदि की तरह जायसी की भी एक बहुत बड़ी विशेषता यह है कि वे मामूली आदमी के भी आदरणीय कवि हैं और शास्त्रप्रवीण विदग्ध आचार्यों के भी आदरणीय कवि हैं। समझ कम हो तो भी जायसी की कविता समक्ष में आती है और समझ बहुत हो तो उसमें गहरी और व्यापक अर्थ-संपत्ति देखकर मन चकित हो जाता है।

जायसी के काव्य की श्रेष्ठता का एक बहुत बड़ा आधार उनकी भाषा है। जायसी और तुलसी दोनों अवधी भाषा के श्रेष्ठ कवि हैं लेकिन इन दोनों की काव्यभाषा में एक मौलिक अंतर है। जायसी की भाषा ठेठ अवधी है। बोलचाल की अवधी का जो माधुर्य हमें जायसी में मिलता है वह गोस्वामी तुलसीदास में नहीं मिलता। आचार्य रामचंद्र शुक्ल ने ठीक ही कहा है "जायसी की भाषा बहुत ही

---

1. पद्मावत, संजीवनी भाष्य, डॉ. वासुदेवशरण अग्रवाल, प्राक्कथन

मधुर है, पर उसका माधुर्य निराला है। यह माधुर्य 'भाषा' का माधुर्य है, संस्कृत का माधुर्य नहीं। वह संस्कृत की कोमलकांत पदावली पर अवलंबित नहीं। उसमें अवधी अपनी निज की मिठास लिए हुये।" लेकिन इस मिठास के भीतर जो अर्थशक्ति छिपी हुई है वह किसी संस्कृत से कम सक्षम नहीं। अगर यह ठीक है कि "जायसी की पहुँच अवध में प्रचलित लोकभाषा के भीतर बहते हुए माधुर्यस्रोत तक ही थी" तो भी इससे जायसी को या उनके वक्तव्य को कोई क्षति नहीं पहुँचती। बल्कि सच तो यह है कि इसी बोली रूप के कारण जायसी की काव्य-भाषा गोस्वामीजी की अपेक्षा अधिक सरस है।

हिंदी में प्रेमाख्यानक काव्यों की परंपरा जायसी से बहुत पहले मौलाना दाऊद के 'चंदायन' (संवत् 1427) से शुरू हुई मानी जाती है और जायसी के ढाई-तीन सौ वर्षों बाद तक चलती रही है। लेकिन इस लंबी परंपरा में जायसी और उनका 'पद्मावत' सर्वश्रेष्ठ कवि और कृति के रूप में सर्वस्वीकृत हैं। यह एक नाम ही पूरी परंपरा का बोध कराने के लिए पर्याप्त है जबकि इस नाम के बिना यह पूरी समृद्ध परंपरा अधूरी रह जाती है।

बनिजारा खंड

चितउर गढ़क एक बनिजारा । सिंघल दीप चला बैपारा ।
बाँभन एक हुत नष्ट भिखारी । सो पुनि चला चलत बैपारी ।
रिनि काहू कर लीन्हेसि काढ़ी । मकु तहँ गए होइ किछु बाढ़ी ।
मारग कठिन बहुत दुख भए । नाँघि समुद्र दीप ओहि गए ।
देखि हाट किछु सूझ न ओरा । सबै बहुत किछु दीख न थोरा ।
पै सठि ऊँच बनिज तहँ केरा । धनी पाउ निधनी मुख हेरा ।
लाख करोरन्हि वस्तु बिकाई । सहसन्हि केर न कोइ ओनाई ।
सबहीं लीन्ह बेसाहना औ घर कीन्ह बहोर ।
बामन तहाँ लेइ का गाँठि साँठि सुठि थोर ॥ 1 ॥

झुरवै ठाढ़ कहाँ हौं आवा । बनिज न मिला रहा पछितावा ।
लाभ जानि आएउँ एहि हाटाँ । मूर गँवाइ चलेउँ तेहि बाटाँ ।
का मैं मरन सिखावन सिखी । आएउँ मरै मीचु हुति लिखी ।
अपने चलत न कीन्हि कुबानी । लाभ न दीख मूर भौ हानी ।
का मैं बोवा जरम ओहि भूँजी । खोइ चलेउँ घरहू कै पूँजी ।
जेहि बेवहरिया कर बेवहारू । का लै देब जौं छेंकिहि बारू ।
घर कैसें पैठव मैं छूँछे । कौन उत्तर देबेउँ तिन्ह पूँछे ।
साथ चला सत बिचला भए बिच समुँद पहार ।
आस निरासा हौं फिरौं तू बिधि देहि अधार ॥ 2 ॥

तबहिं विआध सुआ लै आवा । कंचन बरन अनूप सोहावा ।
बेंचै लाग हाट लै ओहीं । मोल रतन मानिक जहँ होहीं ।
सुआ को पूँछ पतिंग भँडारे । चलन देखि आछै मन मारे ।
बाँभन आइ सुआ सौं पूँछा । दहुं गुनवंत कि गिरगुन छूँछा ।
कहु परबते जो सुन तोहिं पाहाँ । गुन न छिपाइअ हिरदै माहाँ ।

हम तुम्ह जाति बराभन दोऊ । जातिहि जाति पूँछ सब कोऊ।
पंडित हहु तो सुनावहु बेदू । बिन पूँछे पाइअ नहिं भेदू।
हौं बाँभन औ पंडित कहु आपन गुन सोइ।
पढ़े के आगे जो पढ़ै दून लाभ तेहि होइ ॥ 3 ॥
तब गुन मोहि अहा हो देवा । जब पिंजर हुँत छूट परेवा।
अब गुन कवन जो बँदि जजमाना । घालि मँजूसा बेंचै आना।
पंडित होइ सो हाट न चढ़ा । चहौं बिकाइ भूलि गा पढ़ा।
दुइ मारग देखौं एहि हाटाँ । दैय चलावै दहुँ केहि बाटाँ।
रोवत रकत भएउ मुख राता । तन भा पिअर कहौं का बाता।
राते स्याम कंठ दुइ गीवाँ । तिन्ह दुइ फाँद डरौं सुठि जीवा।
अब हौं कंठ फाँद गिवँ चीन्हा । दहुँ कै फाँद चाह का कीन्हा।
पढ़ि गुनि देखा बहुत मैं है आगें डरु सोइ।
धुंध जगत सब जानि कै भूमि रहा बुधि खोइ ॥ 4 ॥
सुनि बाँभन बिनवा चिरिहारू । करु पंखिन्ह कहँ मया न मारू।
कत रे निठुर जिउ बधसि पंरावा । हत्या केर न तोहिं डरु आवा।
कहेसि पंखि खाधुक मानवा । निठुर ते कहिअ जेपर मँसु खवा।
आवहिं रोइ जाहिं कै रोवना । तबहुँ न तजहिं भोग सुख सोवना।
औ जानहिं तन होइहि नासू । पोखहिं माँसु पराएँ माँसु।
जौं न होत अस पर मँसि खाधू । कत पंखिन्ह कहँ धरत बिआधू।
जौं रे ब्याध पंखी निति धरई । सो बेंचत मन लोभ न करई।
बाँभन सुआ बेसाहा सुनि मति बेद गरंथ।
मिला आइ कै साथिन्ह भा चितउर के पंथ ॥5 ॥
तब लगि चित्रसेन सर साजा । रतनसेनि चितउर भा राजा।
आइ बात तेहिं आगें चली । राजा बनिज आव सिंघली।
बाँभन एक सुआ लै आवा । कंचन बरन अनूप सोहावा।

राते स्याम कंठ दुइ काँठा । राते डहन लिखे सब पाठा ।
औ दुई नैन सोहावन राता । राता ठौर अमिअ रस बाता ।
मस्तक टीका काँध जनेऊँ । कवि बिआस पंडित सहदेऊ ।
बोल अरथ सौं बोलै सुनत सीस पै डौल ।
राजमँदिर महँ चाहिअ अस वह सुआ अमोल ॥ 6 ॥

भई रजाएसु जन दौराए । बाँभन सुआ बेगि लै आए ।
बिप्र असीसि बिनति औधारा । सुआ जीउ नहिं करौं निनारा ।
पै यह पेट भएउ बिसवासी । जेहि नाए सब तपा सँन्यासी ।
दारा सेज जहाँ जेहि नाहीं । भुइँ परि रहै लाइ गिव बाहीं ।
अंध रहै जो देख न नैना । गूँग रहै मुख आव न बैना ।
बहिर रहै सरवन नहिं सुना । पै एक पेट न रह गिनरगुना ।
सो मोहिं लिहें गँगावै लावै भूख पिआस ।
जौं न होत अस बैरी (तौ) केहि काहू कै आस ॥7 ।

सुऔं असीस दीन्ह बड़ साजू । बड़ परताप अखंडित राजू ।
भागवंत बड़ बिधि औतारा । जहाँ भाग तहँ रूप जोहारा ।
कोउ केहु पास आस कै गौना । जो निरास दिढ़ आसन मौना ।
कोउ बिन पूँछे बोल जो बोला । होइ बोल माँटी के मोला ।
पढ़ि गुनि जानि बेद मत भेउ । पूँछी बात कही सहदेऊ ।
गुनी न कोई आपु सराहा । जौं सो बिकाइ कहा पै चाहा ।
जौं लहि गुनि परगट नहिं होई । तौ लहि मरम न जानै कोई ।
चतुर बेद हौं पंडित हीरामनि मोहि नाउँ ।
पदुमावति सों मेरवौं सेव करौं तेहि ठाउँ ॥ 8 ॥

रतनसेनि हीरामन चीन्हा । एक लाख बाँभन कहँ दीन्हा ।
बिप्र असीसा कीन्ह पयाना । सुआ सो राजमँदिर महँ आना ।
बरनौं काह सुआ कै भाखा । धनि सो नाउ हीरामनि राखा ।

जौं बोलै तौ मानिक मूँगा । नाहिं त मौन बाँध होइ गूँगा ।
जनहुँ मारि मुख अंब्रित मेला । गुर होइ आपु कीन्ह चह चेला ।
सुरुज चाँद कै कथ्था कहा । पेम क गहन लाइ चित रहा ।
जो जो सुनै धुनै सिर राजा प्रीति क होइ अगाहु ।
अस गुनवंत नाहिं भल सुअटा बाउर करिहै काहु ॥9 ॥

उपसंहार खंड

मुहमद यदि कबि जोरि सुनावा । सुना जो पेम पीर गा पावा ।
जोरी लाइ रकत कै लेई । गाढ़ी प्रीति नैन जल भेई ।
औ मन जानि कबित अस कीन्हा । मकु यह रहै जगत महँ चीन्हा ।
कहाँ सो रतनसेनि अस राजा । कहाँ सुवा अस बुधि उपराजा ।
कहाँ अलाउदीन सुलतानू । कहँ राघौ जेइँ कीन्ह बखानू ।
कहँ सुरूप पदुमावति रानी । कोइ न रहा जग रही कहानी ।
धनि सो पुरुष जस कीरति जासू । फूल मरै पै मरै न बासू ।
केइँ न जगत जस बेंचा केइँ न लीन्ह जस मोल ।
जो यह पढ़ै कहानी हम सँवरै दुइ बोल ॥ 1 ॥
मुहमद बिरिधि बएस अब भई । जोबन हुत सो अवस्था गई ।
बल जो गएउ कै खीन सरीरू । दिस्टि गई नैनन्ह दै नीरू ।
दसन गए कै तुचा कपोला । बैन गए दै अनरुचि बोला ।
बुद्धि गई हिरदै बौराई । गरब गएउ तरहुँड़ सिर नाई ।
सरवन गए ऊँच दै सुना । गारौ गएउ सीस भा धुना ।
भँवर गएउ केसन्ह दै भुवा । जोबन गएउ जियत जनु मुवा ।
तब लगि जीवन जोबन साथा । पुनि सो मींचु पराए हाथा ।
बिरिध जो सीस डोलावै सीस धुनै तेंहि रीस ।
बूढ़े आढ़े होहु तुम्ह केइँ यह दीन्ह असीस ॥ 2 ॥

सूरदास

[जन्म 1478 ई., मृत्यु 1589 ई.]

कबीरदास की ही तरह सूरदास के जीवन संबंधी प्रामाणिक सूचनाओं का भी अभाव है अतः इनके जन्म संवत्, जन्मस्थान, जाति, अंधत्व और मृत्यु संवत् को लेकर विद्वानों में पर्याप्त विवाद है। गोकुलनाथ कृत 'चौरासी वैष्णवन की वार्त्ता' तथा सूरदासकृत 'सूरसारावली' और 'साहित्य लहरी' के आधार पर आचार्य रामचंद्र शुक्ल ने सूरदास का जन्म संवत् 1540 और मृत्यु संवत् 1620 के आस-पास स्वीकार किया है। सांप्रदायिक अनुश्रुतियों के अनुसार सूरदास, बल्लभाचार्य (जन्म संवत् 1535) से दस दिन छोटे थे। इस हिसाब से इनका जन्म संवत् 1535 सिद्ध होता है। कहते हैं कि सूरदास की मृत्यु पारसौली ग्राम में हुई थी और मृत्यु के समय बल्लभाचार्य के सुपुत्र गोस्वामी बिट्ठलनाथजी उपस्थित थे। बिट्ठलनाथजी की मृत्यु संवत् 1646 में हुई थी। इस हिसाब से सूरदास की मृत्यु उसके बाद किसी समय हुई होगी।

कुछ विद्वान् सूरदास का जन्मस्थान रुनकता (रेणुका क्षेत्र) मानते हैं तो कुछ सीही। भक्तमाल मूलगोसाईं चरित, चौरासी वैष्णवन की वार्त्ता, आईने-ए-अकबरी तथा सूरकृत 'साहित्य लहरी' एवं 'सूरसारावली' में उपलब्ध सूचनाओं के आधार पर सूर का जन्म सीही ग्राम में वैशाख शुक्ल पंचमी को संवत् 1535 में हुआ था। इनके माता-पिता के संबंध में प्रामाणिक रूप से कुछ नहीं कहा जा सकता। इनकी जाति पर भी मतभेद है। डॉ. ब्रजेश्वर वर्मा इन्हें ब्रह्मभाट मानते हैं और डॉ. दीनदयालु गुप्त सारस्वत ब्राह्मण। इसी तरह कुछ विद्वान् इन्हें विवाहित मानते हैं, तो कुछ अविवाहित।

सूर के अंधत्व को लेकर और अधिक विवाद है। कुछ लोग इन्हें जन्मांध मानते हैं तो कुछ लोगों की धारणा है कि ये बाद में अंधे हुए होंगे। आचार्य

हज़ारीप्रसाद द्विवेदी आदि विद्वान् मानते हैं कि सूर जन्मांध नहीं थे। शायद ये बाद में अंधे हुए थे। प्रकृति के विविध रंगों-रूपों और बालकों तथा युवा-युवतियों की विभिन्न सूक्ष्मतम मुद्राओं एवं चेष्टाओं का सूर ने जिस सूक्ष्मता से चित्रण किया है कोई अंधा व्यक्ति वैसा नहीं कर सकता। सूर कब और कैसे अंधे हुए? इस पर कोई प्रामाणिक साक्ष्य उपलब्ध नहीं है। इतना स्पष्ट है कि संवत् 1567 में गऊघाट पर जब वे आचार्य वल्लभ से मिले थे और उनसे दीक्षा ग्रहण की थी तब वे अंधे थे। अपने पदों में दो-एक स्थान पर सूर ने अपने को जन्म का अंधा और कर्म का अभागा कहा है। इस पर आचार्य हजारीप्रसाद द्विवेदी का मत है, "सब समय ऐसे कथनों के वाच्यार्थ को ही प्रधान नहीं मानना चाहिए। मानसिक ग्लानि और आत्महीनता की काव्यात्मक अभिव्यक्ति के लिए भक्त कवियों ने बहुत बार ऐसी उक्तियाँ कहीं हैं, जिनके लक्ष्यार्थ या व्यंग्यार्थ को ही ग्रहण करना संगत है, वाच्यार्थ को नहीं।"

सूरदास की सर्वाधिक प्रसिद्ध रचना सूरसागर है। सूरसागर के बाद 67 वर्ष की आयु में उन्होंने 'सूरसारावली' की रचना की थी। कूट शैली में राधा-कृष्ण की लीला का वर्णन और अलंकार तथा नायिका-भेद से संबद्ध 'साहित्य लहरी' नाम की एक तीसरी कृति को भी सूर की रचना बताया जाता है। इन तीन के अलावा इक्कीस अन्य पुस्तकों को भी डॉ. दीनदयालु गुप्त ने सूरकृत बताया है। परंतु सामान्य रूप से उनके सूरकृत होने पर विद्वानों को विश्वास नहीं है। आचार्य विश्वनाथप्रसाद मिश्र तो 'सूरसारावली' और 'साहित्य लहरी' को भी संदिग्ध मानते हैं।

सूर की अक्षय कीर्ति का आधार सूरसागर है। कहते हैं कि सूरसागर में कुल सवा लाख पद थे जो अब उपलब्ध नहीं हैं। आज जो 'सूरसागर' उपलब्ध है उसमें कुल 5000 पद ही मिलते हैं। इसमें कुल बारह स्कंध (अध्याय) हैं।

'सूर' प्रेम के कवि हैं। बच्चे का प्रेम, माता-पिता का प्रेम, बच्चों का पारस्परिक प्रेम, बच्चे-बच्चियों का प्रेम, युवा-युवती का प्रेम, पालित-अपालित पशु-पक्षियों का प्रेम, प्रकृति का प्रेम। सूर रूप के कवि हैं, सूर लीला के कवि हैं, और चूँकि रूप और लीला का मूल प्रयोजन उन्होंने प्रेम को माना है अतः घूम-फिरकर वे प्रेम के कवि हैं। उनकी दृष्टि में—

प्रेम प्रेम सों होय प्रेम सों पारहिं जैये।
प्रेम बँध्यो संसार प्रेम परमारथ पैये॥

चूँकि सूर प्रेम के कवि हैं अतः इस प्रेम के अनेक रूप और रंग हमें सूर-काव्य में मिलते हैं। महाप्रभु बल्लभाचार्य से मिलने के पहले, गऊघाट पर रहते हुए, सूर विनय के पदों की रचना करके उन्हें गाया करते थे जिनमें सगुण ब्रह्म की महत्ता और अपनी लघुता की बहुत ही भावप्रवण अभिव्यक्ति उन्होंने की है। इनमें से दो पदों को गाकर उन्होंने महाप्रभु को सुनाया था। महाप्रभु सूर की भाव-प्रवणता और कवित्व शक्ति से पर्याप्त प्रभावित हुए थे किंतु विनय-पदों में अभिव्यक्त दैन्य उन्हें पसंद नहीं आया था। अतः उन्होंने सूर को फटकारते हुए कहा था—"सूर है कै ऐसो घिघियात काहे को हौ; कछु भगवत्लीला वर्णन करि।" इसके लिए उन्होंने सूरदास को नाम सुनाया, पीछे समर्पण करवाया और फिर भागवत के दशमस्कंध की अनुक्रमणिका सुनाई। इसके बाद से सूरदास ने भगवत्लीला वर्णन को अपने काव्य का विषय बना लिया।

महाप्रभु बल्लभाचार्य से पुष्टिमार्ग में दीक्षित होने के बाद सूरदास ने जिन पदों की रचना की उनके केंद्रीय विषय हैं—वात्सल्य, सख्य और माधुर्य प्रेम। सूर की बाल-लीला के पद वात्सल्य और सख्य प्रेम के अप्रतिम उदाहरण हैं। बच्चों के प्रति बड़ों के और बच्चों के प्रति बच्चों के सहज मानवीय प्रेम की जितनी यथार्थ और हृदयस्पर्शी अनुभूति सूर के काव्य में अभिव्यक्त हुई है उतनी सहज और व्यापक अनुभूति अन्यत्र उपलब्ध नहीं है। बच्चा कैसे बढ़ता-पलता है, कैसे सोता-जागता है, कैसे रूठता-मचलता है, कैसे झूठ बोलता है, कैसे बहाने बनाता है, कैसे एक-दूसरे से मिलकर नित नई शरारतें करता है, कैसे आपस में खेलता-झगड़ता है, इनके एक-से-एक बढ़कर हजारों मनोहर चित्र सूरकृत बाल-लीला के पदों में भरे पड़े हैं। इन पदों को पढ़कर लगता है कि सूर अपने कवित्व के जादू से हमारी चिरपरिचित और चिरप्रिय अनुभूतियों से हमें पुनः परिचित करा रहे हैं और उनकी प्रियता से हमारे मन को भर रहे हैं।

वात्सल्य और सख्य भाव के प्रेम की तरह ही सूर-काव्य में माधुर्य प्रेम का भी अत्यंत विशद और व्यापक रूप देखने को मिलता है। बचपन से एक साथ खेलने-कूदनेवाले बालक-बालिका जब थोड़े बड़े हो जाते हैं तो उनमें आपस में कैशोर प्रेम की अनुभूति जागने लगती है। सहज साहचर्य किशोर-किशोरियों को कितने भावनात्मक स्तरों पर जोड़ता और तोड़ता है, इसकी बड़ी मनोहारी झाँकी हमें पनघटलीला, दानलीला, मानलीला, रामलीला, चीरहरण लीला और भ्रमरगीत प्रसंग

में मिलती है। समवयस्क कृष्ण समयवयस्का राधा तथा अन्य गोपियों को कितना तंग करते हैं, उनको कितना चाहते हैं, तंग होनेवालियाँ भी ऊपरी विरोध के बावजूद इस सबके लिए कितना तरसती हैं और एक-दूसरे से अलग हो जाने पर उनकी कैसी दयनीय स्थिति हो जाती है, इसे सूरदास ने बार-बार, किंतु नए रूप और नई भंगी में, वर्णित किया है। संयोगवर्णन हो या वियोगवर्णन, सूरकाव्य की यह कोई क्षणिक घटना नहीं है बल्कि प्रेममय जीवन की एक गहरी, प्रवहमान धारा है जिसमें डुबकियाँ लगानेवालों को दिव्य माधुर्य के अतिरिक्त और कहीं कुछ नहीं दिखाई पड़ता। आचार्य रामचंद्र शुक्ल ने ठीक कहा है, "वात्सल्य और शृंगार के क्षेत्रों का जितना अधिक उद्‌घाटन सूर ने अपनी बंद (अंधी) आँखों से किया, उतना किसी और कवि ने नहीं। इस क्षेत्र का कोना-कोना वे झाँक आए। उक्त दोनों रसों के प्रवर्त्तक रतिभाव की जितनी मानसिक वृत्तियों और दशाओं का अनुभव और प्रत्यक्षीकरण सूर कर सके, उतनी का और कोई नहीं।"[1] इन दोनों क्षेत्रों में सूर ने औरों के लिए कुछ छोड़ा ही नहीं।

गोस्वामीजी ने कहा है "कबिहिं अरथ आखर बल साँचा" अर्थात् कवि की शक्ति का आधार शब्दार्थमयी भाषा है। सूर की शक्ति का आधार भी उनकी भाषा ही है। बोल-चाल की भाषा का इतना काव्यात्मक प्रयोग सबसे पहले हमें सूर में ही दिखाई देता है। चित्रात्मकता और बिंबयोजना सूर की काव्य-भाषा के अंगभूत तत्त्व हैं। शब्द-स्पर्श, रूप-रस और गंध के बिंबों की भरमार हमें सूर के पदों में मिलती है। ब्रजभाषा के लय और प्रवाह की, उसके मुहावरों और लोकोक्तियों की अक्षयनिधि सूर के काव्य में पग-पग पर बिखरी दिखाई पड़ती है। आचार्य हजारीप्रसाद द्विवेदी ने ठीक ही कहा है "सूरदास जब अपने प्रिय विषय का वर्णन शुरू करते हैं तो मानों अलंकारशास्त्र हाथ जोड़कर उनके पीछे-पीछे दौड़ा करता है, उपमाओं की बाढ़ आ जाती है, रूपकों की वर्षा होने लगती है।XX पन्ने पर पन्ने पढ़ते जाइए : केवल उपमाओं और रूपकों की छटा, अन्योक्तियों का ठाट, लक्षणा और व्यंजना का चमत्कार—यहाँ तक कि एक ही चीज़ दो-दो, चार-चार, दस-दस बार तक दुहराई जा रही है, फिर भी स्वाभाविक और सहज प्रवाह कहीं भी आहत नहीं होता।"[2]

---

1. भ्रमरगीत सार, सभा संस्करण प्रथम, पृष्ठ 2
2. हिंदी-साहित्य (उसका उद्‌भव और विकास), 1969, पृष्ठ 114

अन्य भक्त कवियों की तरह सूर-काव्य की एक बड़ी शक्ति उसके संगीत में है। लगता है संगीत के प्रवाह में कवि अपने साथ पाठक या श्रोता को भी बहाए लिए जा रहा है, आत्मविस्मृत करता जा रहा है।

जैसा हम कबीर के विषय में कह आए हैं और जायसी, तुलसी और बिहारी के विषय में आगे कहने का अवसर पाएँगे—बाहर-बाहर से बहुत आसान दिखनेवाला सूर का काव्य, वस्तुतः बहुत कठिन काव्य है। लेकिन इस कठिनता का भेदन अगर हो जाए तो वह बहुत ही सरस, बहुत ही प्रभावशाली और बहुत ही स्पृहणीय सिद्ध होता है। सूर को हिंदी-साहित्याकाश का सूर्य कहा गया है तो ठीक ही कहा गया है। जिस तरह समुद्र के खारे जल को अपनी किरणों की उष्मा से भाप बनाकर सूर्य बादलों द्वारा मीठे जल की वर्षा करता है उसी तरह बोलचाल की भाषा और दैनंदिन जीवन के सुख-दुःख को अपनी काव्य-प्रतिभा से प्रभावित करके सूर ने अमृतमधुर काव्यरस की वर्षा की है।

विनय के पद

अबिगत गति कछु कहत न आवै।
ज्यौं गूँगे मीठे फल कौ रस अंतरगत ही भावै॥
परम स्वाद सबही सु निरंतर अमित तोष उपजावै।
मन बानी कौं अगम अगोचर सो जानै जो पावै॥
रूप रेख गुन जाति जुगति बिनु निरालंब कित धावै।
सब विधि अगम बिचारहिं तातैं सूर सगुन लीला पद गावै॥ 1॥

सरन गए को को न उबार्‌यो।
जब जब भीर परी संतनि कौं चक्र सुदरसन तहाँ सँभारयौ॥
भयौ प्रसाद जु अंबरीष कौं दुरबासा कौ क्रोध निबारयौ।
ग्वालनि हेत धरयौ गोबरधन प्रकट इंद्र कौ गर्व प्रहारयौ॥
कृपा करी प्रहलाद भक्त पर संभ फारि हिरनाकुस मारयौ।
नरहरि रूप धरयौ करुनाकर छनक माँहि उर नरवनि बिदारयो॥
ग्राह ग्रसत गज कौं जल बूड़त नाम लेत ताकौ दुख टारयौ।
सूर स्याम बिनु और करै को रंगभूमि मैं कंस पछारयौ॥ 2॥

जापर दीनानाथ ढरै।
सोइ कुलीन बड़ौ सुंदर सोइ जिहिँ पर कृपा करै॥
कौन बिभीषन रंक निसाचर हरि हँसि छत्र धरै।
राजा कौन बड़ौ रावन तैं गर्बहिं गर्ब गरै॥
रंकव कौन सुदामा हूँ तैं आप समान करै।
अधम कौन है अजामील तैं जम तहँ जात डरै॥
कौन विरक्त अधिक नारद तैं निसिदिन भ्रमत फिरै।

जोगी कौन बड़ौ संकर तैं ताकौं काम छरै ॥
अधिक कुरूप कौन कुबिजा तैं हरि पति पाइ बरै ।
अधिक सुरूप कौन सीता तैं जनम बियोग भरै ॥
यह गति मति जानै नहिँ कोऊ किहिँ रस रसिक ढरै ।
सूरदास भगवंत भजन बिनु फिरि-फिरि जठर जरै ॥ 3 ॥

अविगत गति जानी न परै ।
मन वच कर्म अगाध अगोचर किहि बिधि बुधि सँचरै ॥
अति प्रचंड पौरुष बल पाएँ केहरि भूख मरै ।
अनायास बिनु उद्यम कीन्हैं अजगर उदर भरै ॥
रीतै भरै भरै पुनि ढारै चाहै फेरि भरै ।
कबहुँक तृन बूढ़ै पानी मैं कबहुँक सिला तरै ॥
बागर तैं सागर करि डारै चहुँ दिसि नीर भरै ।
पाहन बीच कमल बिकसावै जलमैं अगिनि जरै ॥
राजा रंक रंक तैं राजा लै सिर छत्र धरै ।
सूर पतित तरि जाइ छिनक मैं जो प्रभु नैकु ढरै ॥ 4 ॥

मेरो मन अनत कहाँ सुख पावै ।
जैसैं उड़ि जहाज कौ पच्छी फिरि जहाज पर आवै ॥
कमल नैन कौ छाँड़ि महातम और देव को ध्यावै ।
परम गंग कौं छाँड़ि पियासौ दुरमति कूप खनावै ॥
जिहिं मधुकर अंबुज रस चाख्यौ क्यौं करील फल खावै ।
सूरदास प्रभु कामधेनु तजि चेरी कौन दुहावै ॥5 ॥

बाललीला के पद

जसोदा हरि पालनैं झुलावै ।
हलरावै दुलराइ मल्हावै जोइ सोइ कछु गावै ॥
मेरे लाल कौं आउ निँदरिया काहैं न आनि सुवावै ।
तू काहैं नहिँ बेगहिं आवै तोकौं कान्ह बुलावै ॥
कबहुं पलक हर मूँदि लेत हैं कबहुँ अधर फरकावै ।
सोवत जानि मौन ह्वै कै रहि करि करि सैन बतावै ॥
इहिं अंतर अकुलाइ उठे हरि जसुमति मधुरैं गावै ।
जो सुख सूर अमर मुनि दुरलभ सो नंद भामिनि पावै ॥ 1 ॥

सिखवति चलन जसोदा मैया ।
अरबराइ कर पानि गहावत डगमगाइ धरनी धरे पैया ॥
कबहुंक सुंदर बदन बिलोकति उर आनंद भरि लेति बलैया ।
कबहुँक कुल देवता मनावति चिरजीवहु मेरौ कुँवर कन्हैया ॥
कबहुंक बल कौं टेरि बुलावति इहिँ आँगन खेलौ दोउभैया ।
सूरदास स्वामी की लीला अति प्रताम बिलसत नँदरैया ॥ 2 ॥

कहन लागे मोहन मैया मैया ।
नंद महर सौं बाबा बाबा अरु हलधर सौं भैया ॥
ऊँचे चढ़ि चढ़ि कहति जसोदा लै लै नाम कन्हैया ।
दूरि खेलन जनि जाहु लला रे मारैगी काहुकि गैया ॥
गोपी ग्वाल करत कौतूहल घर घर बजति बधैया ।
सूरदास प्रभु तुम्हरे दरस कौं चरननि की बलि जैया ॥ 3 ॥

मैया मैं तो चंद खिलौना लैहौं ।
जैहौं लोटि धरनि पर अबहीं तेरी गोद न ऐहौं ॥
सुरभी कौ पय पान न करिहौं बेनी सिर पर गुहैहौं ।
ह्वैहों पूत नंद बाबा कौ तेरौ सूत न कहैहौं ॥
आगैं, आउ बात सुनि मेरी बलदेवहिं न जनैहौं ।
हँसि समुझावति कहति जसोमति नई दुलहनियाँ दैहौं ॥
तेरी सौं मेरी सुनि मैया अबहिं बियाहन जैहौं ।
सूरदास ह्वै कुटिल बराती गीत सुमंगल गैहौं ॥ 4 ॥

ब्रज घर घर प्रगटी यह बात ।
दधि माखन चोरी करि लै हरि ग्वाल सखा संत खात ॥
ब्रज वनिता यह सुनि मन हरषत सदन हमारें आवैं ।
माखन खात अचानक पावैं भुज भरि उरहिं छुवावैं ॥
मनहीं मन अभिलाष करतिं सब हृदय धरतिं यह ध्यान ।
सूरदास प्रभु कौं घर तैं लै दैहौं माखन खान ॥ 5 ॥

मैया मैं नहिं माखन खायौ ।
ख्याल परैं ये सखा सबै मिलि मेरैं मुख लपटायौ ॥
देखि तु ही सीं के पर भाजन ऊँचै धरि लटकायौ ।
तुही निरखि नान्हें कर अपनैं मैं कैसैं करि पायौ ॥
मुख दधि पोंछि बुद्धि इक कीन्हीं दोना पीठि दुरायौ ।
डारि साँटि मुसुकाइ जसोदा स्यामहिं कंठ लगायौ ॥
बाल बिनोद मोद मन मोह्यौ भक्ति प्रताप दिखायौ ।
सूरदास जसुमति कौ यह सुख सिव बिरंचि नहिं पायौ ॥ 6 ॥

आजु मैं गाइ चरावन जैहौं।
वृन्दाबन के भाँति भाँति फल अपने करं मैं खैहौं॥
ऐसी बात कहौ जनि बारे देखौ अपनी भाँति।
तनक तनक पग चलिहौ कैसे आवत ह्वै है राति॥
प्रात जात गैया लै चारन घर आवत हैं साँझ।
तुम्हरौ कमल बदन कुम्हिलैहै रेंगत घामहिं माँझ॥
तेरी सौं मोहिं धाम न लागत भूख नहीं कछु नेक।
सूरदास प्रभु कह्यौ न मानत पर्‍यो आपनी टेक॥ 7॥

मैया हौं न चरैहौं गाइ।
सिगरे ग्वाल घिरावत मोसौं मेरैं पाइँ पिराइँ॥
जौ न पत्याहि पूछि बलदाउहिं अपनी सौं ह दिवाइ।
यह सुनि माइ जसोदा ग्वालनि गारी देति रिसाइ॥
मैं पठवति अपने लरिका कौ आवै मन बहराइ।
सूर स्याम मेरौ अति बालक मारत ताहि रिंगाइ॥ 8॥

मुरली प्रसंग

मुरली तऊ गोपालहिं भावति।
सुनि री सखी जदपि नंदलालहिं नाना भाँति नचावति॥
राखति एक पाइ ठाढ़ौ करि अति अधिकार जनावति।
कोमल तन आज्ञा करवावति कटि टेढ़ी ह्वै आवति॥
अति आधीन सुजान कनौड़े गिरिधर नार नवावति।
आपुन पौढ़ि अधर सेज्जा पर कर पल्लव सन पद पलुटावति॥
भृकुटी कुटिल नैन नासापुट हम पर कोप करावति।
सूर प्रसन्न जानि एकौ छिन धर तैं सीस डुलावति॥ 1॥

जबहिँ बन मुरली स्रवन परी।
चक्रित भईं गोपकन्या सब काम धाम बिसरीं॥
कुल मरजाद बेद की आज्ञा नैंकुहूँ नहीं डरीं।
स्याम सिंधु सरिता ललना गन जल की ढरनि ढरीं॥
अंगमरदन करिबे कौं लागीं उबटन तेल धरीं।
जो जिहिँ भाँति चली सो तैसैं हिं निसि बन कौ जुखरी॥
सुत पति नेह भवन जन संका लज्जा नाहिँ करी।
सूरदास प्रभु मन हरि लीन्हौं नागर नवल हरी॥ 2 ॥

मुरली तैं हरि हमहिँ बिसारी।
बन की ब्याधि कहा यह आई देतिँ सबै मिलि गारी॥
घर घर तैं सब निठुर कराईं महा अपत यह नारी।
कहा भयौ जो हरि मुख लागी अपनी प्रकृति न टारी॥
सकुचति हों याकौं तुम काहैं कहो न बात उघारी।
नोखी सौति भई यह हमकौं और नहीं कहुं का री॥
इनहूँ तैं अरु निठुर कहावति जो आई कुल जारी।
सूरदास ऐसी को त्रिभुवन जैसी यह अनखारी॥ 3 ॥

सुनहु री मुरली की उतपत्ति।
वन मैं रहति बाँस कुल याकौ यह तौ याकी जत्ति॥
जलधर पिता धरनि है माता औगुन कहौं उघारि।
बनहूँ तैं याकौ घर न्यारो निपटहिँ जहाँ उजारि॥
इक तैं एक गुननि हैं पूरे मातु पिता अरु आपु।
नहिं जानियै कौन फल प्रगट्यौ अतिहीं कृपा प्रतापु॥
बिसवासिन पर काज न जानै याके कुल को धर्म।
सुनहु सूर मेघनि की करनी अरु धरनी के कर्म॥ 4 ॥

सुनहु सखी याके कुलधर्म।
तैसोइ पिता मातु तैसी अव देखौ या के कर्म॥
वै बरषत धरनी संपूरन सर सरिता अवगाह।
चातक सदा निरास रहत है एक बूँद की चाह॥
धरनी जनम देति सबही कौं आपुन सदा कुमारी।
उपजत फिरि ताहि मैं बिनसत छोह न कहुँ महतारी॥
ता कुल मैं यह या उपजी याके गुनहिं सुनाऊँ।
सूर सुनत सुख होइ तुम्हारैं मैं कहिकै सुख पाऊँ॥5॥

दानलीला के पद

दान लेहु घर जान देहु काहे कौं कान्ह देत हौ गारी।
जो कुछ कहैं करैं हम सोई इहिं मारग आवैं ब्रजनारी॥
भली करी दधि माखन खायौ चोली हार तोरि सब डारी।
जोबन दान कहूँ कोउ माँगत यह सुनि सुनि अति लाजनि मारी॥
होति अबार दुरि घर जैबो पैयाँ लगैं डरति हैं भारी।
सूर स्याम काहे कौं झगरौ तुम सुजान हम ग्वारि गँवारी॥ 1॥

झूठी बात कहा मैं जानौं।
जो मोकौं जैसैं हि भजै री ताकौं तैसैं हि मानौं॥
तुम तप कियौ मोहिं कौं मन दै मैं हौं अंतरजामी।
जोगी कौं जोगी ह्वै दरसौं कामी कौं ह्वै कामी॥
हमकौं तुम झूठे करि जानति तो काहैं तप कीन्हौ।
सुनत सूर कत भई निठुर अब दान जात नहिं दीन्हौ॥ 2॥

को जानै हरि चरित तुम्हारे ।
अजहूँ दान नहीं तुम पायौ मन हरि लियौ हमारे ॥
लेखौ करि लीजौ मन मोहन दूध दही कछु खाहु ।
सब माखन तुम्हरेहिं मुख लायक लीजै दान उगाहु ॥
तुम खैहौ माखन दधी हम सब देखि देखि सुख पावैं ।
सूर स्याम तुम अब दधि दानी कहि कहि प्रगट सुनावहिँ ॥3 ॥

गोपिका अति आनंद भरी ।
माखन दधि हरि खात प्रेम सौं निरखति नारि खरी ॥
कर लै लै मुख परस करावत उपमा बढ़ी सुभाइ ।
मानहु कंज मिलत ससि कौं लिए सुधा कौर कर आइ ॥
जा कारन सिव ध्यान लगावत सेस सहस मुख गावत ।
सोई सूर प्रगटि ब्रज भीतर राधा मनहिँ चुरावत ॥ 4 ॥

राधा सौं माखन हरि माँगत ।
औरनि की मटुकी कौ खायौ तुम्हरौ कैसौ लागत ॥
ले आई बृषभानुसुता हँसि सद लावनी है मेरौ ।
लै दीन्हौं अपनै कर हरि मुख खात अल्प हँसि हेरौ ॥
सबहिन तैं मीठौ दधि है यह मधुरैं कह्यो सुनाइ ।
सूरदास प्रभु सुख उपजाऔ ब्रज ललना मन भाइ ॥ 5 ॥

यह महिमा येई पै जानैं ।
जोग जग्य तप ध्यान न आवत सो दधि दान लेत सुख मानैं ॥
खात परस्पर ग्वालनि मिलि के मीठो कहि कहि आय बखानैं ।
बिस्वंभर, जगदीस कहावत ते दधि दोना माँझ अघाने ॥

आपुहिँ करता आपुहिं हरता आपु बनावत आपुहिं भानैं।
ऐसे सूरदास के स्वामी ते गोपिन के हाथ बिकाने ॥ 6 ॥

तुमहिँ बिना मन धिक अरुधिक घर।
तुमहिं बिना धिक धिक माता पितु धिक कुलकानि लज्जा डर ॥
धिक सुत पति धिक जीवन जग कौ धिक तुम बिनु सँसार।
धिक सो दिवस पहर घटिका पल जो बिनु नंदकुमार ॥
धिक धिक स्रवन कथा बिनु हरि के धिक लोचन बिनु रूप।
सूरदास प्रभु तुम बिन घर ज्यौं बन भीतर कै कूप ॥ 7 ॥

पलक ओट नहिँ होत कन्हाई।
घर गुरुजन बहुते बिधि त्रासन लाज करावत लाज न आई ॥
नैन जहाँ दरसन हरि अँटके स्रवन थके सुनि बचन सुहाई।
रसना और नहीं कछु भाषति स्याम स्याम रट इहै लगाई ॥
चित चंचल संगहिँ संग डोलत लोक लाज मरजाद मिटाई।
मन हरि लियौ सूर प्रभु तबहीं तन बपुरे की कहा बसाई ॥ 8 ॥

भ्रमरगीत प्रसंग

उद्धव ! यह मन निस्चय जानो।
मन क्रम बच मैं तुम्हैं पठावत ब्रज को पुरत पलानो ॥
पूरन ब्रह्म सकल अविनासी ताके तुम हौ ज्ञाता।
रेख न रूप जाति कुल नाहीं जाके नहिँ पितु माता ॥
यह मत दै गोपिन कहँ आवहु बिरह नदी मैं भासति।
सूर तुरत यह जाय कहौ तुम ब्रह्म बिना नहिं आसति ॥ 1 ॥

सुनु गोपी हरि कै संदेस।
करि समाधि अंतरगति चितवौ प्रभु को यह उपदेस॥
वै अबिगत अविनासी पूरन घट घट रहे समाय।
तिहि निस्चय कै ध्यावहु ऐसे सुचित कमल मन लाय॥
यह उपाय करि बिरह तजौगी मिलै ब्रह्म तब आय।
तत्त्वज्ञान बिनु मुक्ति न होई निगम सुनावत गाय॥
सुनत संदेस दुसह माधव के गोपीजन बिलखानी।
सूर बिरह की कौन चलावै नयन ढरत अति पानी॥ 2॥

जोग ठगौरी ब्रज न बिकैहै।
यह ब्यौपार तिहारो ऊधो ऐसोई फिरि जैहै॥
जापै लै आए हौ मधुकर ताके उर न समैहै।
दाख छाँड़ि कै कटुक निबौरी को अपने मुख खैहै॥
मूरी के पातन के केना को मुक्ताहल दैहै।
सूरदास प्रभु गुनहिं छाँड़ि कै को निर्गुन निरबैहै॥ 3॥

निर्गुन कौन देस को बासी।
मधुकर कहि समुझाय सौंह दै बूझति साँच न हाँसी॥
को है जनक जननि को कहियत कौन नारि को दासी।
कैसो बरन भेस है कैसो केहि रस में अभिलासी॥
पावैगो पुनि कियो आपनो जो रे कहैगो गाँसी।
सुनत मौन ह्वै रह्यौ ठग्यौ सो सूर सबै मति नासी॥ 4॥

ऊधो जाहु तुम्हैं हम जाने।
स्याम तुम्हैं ह्याँ नाहिं पठाए तुम हौ बीच बुलाने॥

ब्रजनारिन सौँ जोग कहत हौ बातहु कहन न जाने।
बड़ लागै न बिबेक तुम्हारो ऐसे नए अयाने॥
हमसौँ कही लई सो सहिकै जिय गुनि लेहु अपाने।
कहँ अबला कहँ दसा दिगंबर सँमुख करौ पहिचाने॥
साँच कहौ तुम को अपनी सौँ बूझति बात निदाने।
सूर स्याम जब तुम्हैं पठाए तब नेकहु मुसुकाने॥ 5॥

ऊधो मन नाहीँ दस बीस।
एक हुतो सो गयौ स्याम सँग को अराध तुव ईस॥
भइँ अति सिथिल सबै माधव बिनु जथा देह बिन सीस।
स्वासा अटकि रहे आसा लगि जीवहिँ कोटि बरीस॥
तुम तौ सखा स्यामसुंदर के सकल जोग के ईस।
सूरजदास रसिक की बतियाँ पुरवौ मन जगदीस॥ 6॥

ऊधो अँखियाँ अति अनुरागी।
इकटक मग जोवतिँ अरु रोवतिँ भूलेहु पलक न लागी॥
बिन पावस पावस ऋतु आई देखत हौ विदमान।
अब धौं कहा कियौ चाहत हौ छाँड़हु नीरस ज्ञान॥
सुनु प्रिय सखा स्यामसुंदर के जानत सकल सुभाव।
जैसे मिलैं सूर प्रभु हमकौं सो कछु करहु उपाव॥ 7॥

संदेसो देवकी सौँ कहियो।
हौँ तो धाय तिहारे सुत की कृपा करत ही रहियो॥
उबटन तेल और तातो जल देखत ही भजि जाते।
जोइ जोइ माँगत सोइ सोइ देती क्रम क्रम करिकै न्हाते॥

तुम तौ टेव जानति ही ह्वैहौ तऊ मोहिँ कहि आवै।
प्रात उठत मेरे लाल लड़ैतेहिं माखन रोटी भावै॥
अब यह सूर मोहिँ निसि बासर बड़ो रहत जिय सोच।
अब मेरे अलक लड़ैते लालन ह्वैहैं करत सँकोच॥ 8 ॥

अब अति पंगु भयौ मन मेरो।
गयौं तहाँ निरगुन कहिबे को भयौं सगुन को चेरो॥
अति अज्ञान कहत कहि आयौ दूत भयौ वहि केरो।
निज जन जानि जतन तैं तिनसौं कीहौं नेह घनेरो॥
मैं कछु कही ज्ञानगाथा ते नैकु न दरसति नेरो।
सूर मधुप उठी चल्यो मधुपुरी बोरि जोग को बेरो॥ 9 ॥

गोस्वामी तुलसीदास

[जन्म 1532 ई., मृत्यु 1623 ई.]

गोस्वामी तुलसीदास की जीवनी से संबद्ध प्रामाणिक सूचनाएँ सबसे कम मिलती हैं। अपनी रचनाओं में गोस्वामीजी ने अपने बचपन के कष्टों, भयंकर गरीबी, अन्न के लिए द्वार-द्वार भटककर की जानेवाली भिक्षावृत्ति के अतिरिक्त कोई अन्य सूचना नहीं दी है। गोस्वामीजी की अपनी रचनाओं और अन्य बाहरी सूचनाओं के आधार पर विद्वानों ने अलग-अलग निष्कर्ष निकाले हैं। जनश्रुति से गोस्वामीजी का जन्म संवत् 1589 (1532 ई.) और मृत्यु संवत् 1680 (1623 ई.) में हुई मानी जाती है। जन्म कहाँ हुआ, इस पर विवाद है। कुछ लोग इन्हें बाँदा जिले के राजापुर में उत्पन्न मानते हैं तो कुछ लोग एटा जिले के सोरों में। आचार्य चंद्रबली पांडेय ने इन्हें अयोध्या की बाबरी मस्जिद या रामजन्मभूमि के पास उत्पन्न माना है। इनकी मृत्यु संवत् 1680 में श्रावण शुक्ल सप्तमी या श्रावणकृष्ण तृतीया, शनिवार को काशी में अस्सीघाट पर हुई थी। मृत्यु संवत् को लेकर कोई विवाद नहीं है।

गोस्वामीजी का जन्म का नाम रामबोला बताया जाता है। राजापुर में इनकी जन्मभूमि माननेवाले इनके पिता का नाम राजाराम दूबे, जाति ब्राह्मण, माँ का नाम हुलसी और पत्नी का नाम रत्नावली बताते हैं। लेकिन ये सारी बातें विश्वसनीय प्रमाणों पर आधृत न होकर अनुश्रुतियों, तर्कों और व्याख्याओं पर आधृत हैं।

भक्तमाल के लेखक नाभादास गोस्वामीजी के समकालीन थे। उन्होंने गोस्वामीजी को बाल्मीकि का अवतार कहा है—'कलिकठिन जीव निस्तार हित बाल्मीकि तुलसी भयो।' स्मिथ ने गोस्वामीजी को 'मुगल काम का सबसे महान् व्यक्ति' कहा है और डॉ. ग्रियर्सन ने इन्हें 'बुद्धदेव के बाद सबसे बड़ा लोकनायक' माना है। उन्होंने तुलसीकृत रामायण (रामचरितमानस) को उत्तर-भारत की बाइबिल कहा है।

गोस्वामीजी अयोध्या, काशी, चित्रकूट और सूकर खेत में रहे। इसी सूकर खेत (शूकर क्षेत्र) में बाल्यकाल में उन्होंने अपने गुरु के मुख से रामकथा सुनी थी। गोस्वामीजी ने अपने गुरु को 'कृपासिंधु नररूप हरि' कहा है। इस कथन से अनुमान कर लिया गया है कि उनके गुरु का नाम नरहरिदास या नरहर्यानंद था। चित्रकूट, अयोध्या और काशी गोस्वामीजी के प्रिय स्थान थे। अयोध्या में ही संवत् 1631 (1575 ई.) में चैत्र मास की शुक्लनवमी (रामनवमी) को उन्होंने मानस-रचना का श्रीगणेश किया था।

गोस्वामीजी का व्यक्तित्व उनकी रचनाओं में बहुत स्पष्ट रूप में प्रकट हुआ है। अत्यंत विनम्रभाव और सच्ची अनुभूति के साथ अपने आराध्य पर अटूट विश्वास उनके व्यक्तित्व के केंद्रीय तत्त्व हैं। आराध्य के प्रति ऐसी एकनिष्ठ भक्ति, ऐसा अनन्य विश्वास और ऐसी अखंड आस्था दुर्लभ है। यह ध्यान देने की बात है कि गोस्वामीजी ने अपने आराध्य राम को ही अपना काव्य-विषय बनाया है। जगह-जगह हनुमान मंदिरों की प्रतिष्ठा, स्वस्थ शरीर के लिए अखाड़ों की स्थापना, राम के धनुर्धारी रूप को सर्वाधिक प्रिय मानना और रामलीला का संचालन तथा प्रचार इनके व्यक्तित्व के अन्य पक्षों का उद्घाटन करते हैं।

गोस्वामीजी के नाम पर अब तक कई दर्जन पुस्तकें प्राप्त हो चुकी हैं किंतु मिर्जापुर के प्रसिद्ध रामायणी पं. रामगुलाम द्विवेदी केवल बारह ग्रंथों को प्रामाणिक समझते हैं, जिनमें से छः बड़े और छः छोटे हैं। नागरी प्रचारिणी सभा, काशी से प्रकाशित 'तुलसी ग्रंथावली' में आचार्य रामचंद्र शुक्ल ने इन्हीं बारह ग्रंथों को स्थान दिया है। ये ग्रंथ हैं—(1) रामचरितमानस, (2) जानकी मंगल, (3) पार्वती मंगल, (4) रामाज्ञा प्रश्न, (5) वैराग्यसंदीपनी, (6) कवितावली, (7) गीतावली, (8) दोहावली, (9) श्रीकृष्ण गीतावली, (10) रामलला नहछू, (11) बरवै रामायण और (12) विनय पत्रिका। इनमें से 'रामचरितमानस', 'पार्वती मंगल' और 'जानकी मंगल' प्रबंध रचनाएँ हैं, शेष पुस्तक हैं। 'कवितावली' कवित्त, सवैया, छप्पय आदि छंदों का संग्रह है जिन्हें 'मानस' की कथा के कांडों के अनुसार संग्रह कर दिया गया है किंतु कथा क्रमबद्ध नहीं है। 'दोहावली' भक्ति, नीति और वैराग्य-विषयक 573 दोहों का संग्रह है। 'गीतावली' लीला-विषयक गीतों का संग्रह है। कवितावली की तरह इन गीतों का भी 'मानस' की कथा के कांडों के अनुसार संग्रह किया गया है। 'विनय पत्रिका' विनय संबंधी गेय पदों का संग्रह है। 'रामाज्ञा प्रश्न' ज्योतिष विचार

संबंधी रचना है, जिसमें सात-सात दोहों के सात सप्तकोंवाले सात सर्ग हैं। यह शकुन (सगुन) विचारने के उद्देश्य से लिखी गई छोटी पुस्तक है। 'वैराग्य संदीपिनी' संत महिमा, संत स्वभाव और शांति का वर्णन करनेवाली दोहा-चौपाइयों में लिखित छोटी पुस्तिका है। 'बरवै रामायण' में कुल 69 बरवै छंदों में रामकथा कही गई है। 'श्रीकृष्ण गीतावली' में श्रीकृष्ण चरित संबंधी गेय पद संग्रहीत हैं। 'रामलला नहछू' यज्ञोपवीत-विवाह आदि जैसे अवसरों पर गाए जानेवाले लोकगीतों की शैली में लिखित राम काव्य है।

गोस्वामीजी ने अपने समय में प्रचलित काव्य की हर शास्त्रीय और लोकशैली में काव्य-रचना की है। सोहर जैसी लोकशैली को उन्होंने अद्‌भुत काव्यमाधुर्य का वाहन बना दिया है। 'रामलला नहछू' में केवल सोहर छंद हैं। 'जानकी मंगल' और 'पार्वती मंगल' में भी सोहर छंद हैं, जिनमें सोहर की निश्चित पंक्तियों के बाद 'हरिगीतिका' छंद की पंक्तियाँ आती हैं। 'रामाज्ञा प्रश्न', 'दूहाबंध' काव्य-शैली में लिखा गया है। 'गीतावली', 'श्रीकृष्ण गीतावली' तथा 'विनय पत्रिका' गीतबंध परिपाटी की रचनाएँ हैं। 'कवितावली' उस कवित्त-सवैया पद्धति की रचना है जो तुलसीदास के बाद बहुत अधिक लोकप्रिय हुई। 'दोहावली' फुटकर दोहों का संकलन है। गोस्वामीजी की सबसे प्रसिद्ध रचना 'रामचरितमानस' चउपईबंध परंपरा का काव्य है जिसमें मुख्य छंद चौपाई है और बीच-बीच में दोहे, सोरठे, हरि-गीतिका तथा अन्य छंद आते हैं। हिंदी में लिखित महाकाव्यों में हर दृष्टि से 'रामचरितमानस' सर्वश्रेष्ठ है। यह ध्यान देने की बात है कि इतनी विविध काव्य-शैलियों में गोस्वामीजी ने रामकथा और रामभक्ति-विषयक रचनाएँ प्रस्तुत की हैं। छंदों के अनुसार विषय और विषयों के अनुसार छंद का चयन गोस्वामीजी की अन्यतम विशेषता है।

भाषा की दृष्टि से गोस्वामीजी ने मुख्यतः दो भाषाओं में रचना की है—अवधी और ब्रज भाषा में। वैसे 'रामचरितमानस' में संस्कृत भाषा में रचित छंद भी आए हैं। भाषा की दृष्टि से तुलसी और गंग को हिंदी-कवियों में विशेष महत्त्व प्राप्त है। एक पुरानी उक्ति में कहा गया है, 'तुलसी गंग दुबौ भए सुकबिन के सरदार, जिनके ग्रंथन में मिलै भाषा विविध प्रकार।' मुख्यता और प्रयोग बाहुल्य की दृष्टि से विशुद्ध अवधी और विशुद्ध ब्रजभाषा का प्रयोग तुलसीदास ने अधिक किया है। अवधी और ब्रजभाषा पर, एक साथ, जितना पूर्ण अधिकार गोस्वामीजी

का था वैसा अधिकार न तो उनके किसी पूर्ववर्ती कवि में मिलता है न परवर्ती कवि में।

गोस्वामीजी की कविता के वस्तु पक्ष और भाषा-शैली पक्ष, दोनों अत्यधिक सबल और प्रौढ़ हैं। अपनी कविता में उन्होंने राम और रामभक्तों का जो चरित्र प्रस्तुत किया है उससे मानवता के उच्चतम आदर्शों की स्थापना हुई है। स्वामी, सेवक, भाई, माता, पिता, पत्नी, राजा, प्रजा के उच्चतम भारतीय आदर्शों का एकत्र सुखद साक्षात्कार करना हो तो गोस्वामीजी के काव्य जैसा कोई दूसरा काव्य नहीं है। कृष्णभक्ति और कृष्णकथा को अपने काव्य का विषय बनानेवाले दर्जनों कवियों की अपेक्षा रामभक्ति और रामकथा को अकेले गोस्वामीजी ने अधिक व्यापक प्रतिष्ठा दी।

विनय के पद : 'विनय पत्रिका' से

देव,
तू दयालु, दीन हौं, तू दानि हौं भिखारी।
हौं प्रसिद्ध पातकी, तू पापपुंज हारी॥
नाथ तू अनाथ को, अनाथ कौन मों सो।
मो समान आरत नहिँ, आरतिहर तो सो॥
ब्रह्म तू, हौं जीव, तू है ठाकुर, हौं चेरो।
तात मात गुरु सखा तू सब विधि हित मेरो॥
तोंहि मोहि नाते अनेक, मानियै जो भावै।
ज्यौं त्यों तुलसी कृपालु ! चरन सरन पावै॥ 1 ॥

जाकें प्रिय न राम बैदेही।
सो छाँड़िए कोटि बैरी सम जद्यपि परम सनेही॥
तज्यो पिता प्रहलाद बिभीषन बंधु भरत महतारी।
बलि गुरु तज्यो कंत ब्रजबनितनि भए मुदमंगलकारी॥
नाते नेह राम के मनियत सुहृद सुसेव्य जहाँ लौं।
अंजन कहा आँखि जेहि फूटै बहुतक कहौं कहाँ लौं॥
तुलसी सो सब भाँति परम हित पूज्य प्रान ते प्यारो।
जासों होय सनेह रामपद एतो मतो हमारो॥ 2 ॥

बाललीला : 'कवितावली' से

तन की दुति स्याम सरोरुह लोचन कंज की मंजुलताई हरैं।
अति सुंदर सोहत धूरि भरे छबि भूरि अनंग की दूरि धरैं॥
दमकैं दँतियाँ दुति दामिनि ज्यों किलकैं कल बालविनोद करैं।
अवधेस के बालक चारि सदा तुलसी-मन-मंदिर में विहरैं॥ 1 ॥

कबहूँ ससि मागत आरि करैं कबहूँ प्रतिबिंब निहारि डरैं।
कबहूँ करताल बजाइ कै नाचत मातु सबै मन मोद भरैं॥
कबहूँ रिसिआइ कहैं हठि कै पुनि लेत सोइ जेहि लागि अरैं।
अवधेस के बालक चारि सदा तुलसी-मन-मंदिर में बिहरैं॥ 2 ॥

पदकंजनि, मंजु बनीं पनहीं धनुहीं सर पंकजपानि लिएँ।
लरिका, सँग खेलत डोलत हैं सरजूतट चौहट हाट हिएँ।
तुलसी अस बालक सों नहिं नेहु कहा जप जोग समाधि किएँ।
नर वे खर सूकर स्वान समान कहौ जग में फल कौनजिएँ॥ 3 ॥

वन-गमन : 'कवितावली' से

कीर के कागर ज्यों नृपचीर, विभूषन उप्पम अंगनि पाई।
औध तजी मगवास के रूख ज्यों, पंथ के साथी ज्यों लोग-लोगाई॥
संग सुबंधु, पुनीत प्रिया, मनो धर्मु क्रिया धरि देह सुहाई।
राजिवलोचन राम चले तजि बाप को राज्र बटाउ की नाईं॥ 1 ॥

पुरतें निकसीं रघुबीर बधू, धरि धीर दए मग में डग द्वै।
झजकीं भरि भाल कनीं जलकी, पुट सूखि गए मधुराधर वै॥
फिरि बूझति हैं, चलनों अब केतिक, पर्नकुटी करिहौ कित ह्वै।
तिय की लखि आतुरता पिय की अँखियाँ अतिचारु चलीं जलच्वै ॥ 2 ॥

जल को गए लक्खनु, हैं लरिका, परिखौ पिय छाहँ घरीक ह्वै ठाढ़े।
पोंछि पसेऊ बयारि करौं अरु पाव परवारिहौं भूमुरि-ढाढ़े॥
तुलसी रघुबीर प्रिया श्रम जानि के बैठ विलंब लौं कंटक काढ़े।
जानकीं नाह को नेहु लख्यो, पुलको तनु बारि विलोंचन बाढ़े॥ 3 ॥

लक्ष्मण-मूर्च्छा 'गीतावली' से

मेरा सब पुरुषारथ थाको।
विपति बँटावन बन्धु-बाहु बिनु करौं भरोसो काको॥
सुनु सुग्रीव! साँचेहू मो पर फेर्यो बदन बिधाता।
ऐसे समय समर-संकट हौं तज्यो लखन-सो भ्राता॥
गिरि कानन जै हैं साखामृग, हौं, पुनि अनुज सँघाती।
ह्वै है कहा विभीषन की गति, रही साच भरि छाती॥
तुलसी सुनि प्रभु-वचन भालु कपि सकल बिकल हिय हारे।
जामवंत हनुमंत बोलि तव, औसर जानि प्रचारे॥ 1 ॥

जौ हौं अब अनुसासन पावौं।
तौ चंद्रमहिं निचोरि चैलज्यों आनि सुधा सिर नावौं॥
कै पाताल दलौं ब्यालावलि अमृतकुंड महि लावौं।
भेदि भुवन, करि भानु बाहिरो तुरत राहु दै तावौं॥

बिबुध बैद-बरबस आनौं धरि, तौ प्रभु अनुग कहावौं।
पटकौं मीच नीच मूषक-ज्यौं, सबहि को पाप बहावौं॥
तुम्हरिहि कृपा, प्रताप तिहारेहि नेकु बिलंब न लावौं।
दीजै सोइ आयसु तुलसी-प्रभु, जेहि तुम्हरे मन भावौं॥ 2॥

लीन्हो उखारि पहारु बिसाल, चल्या तेहि काल, बिलंबु न लायो।
मारुतनंदन मारुत को, मन को, खगराज को बेगु लजायो॥
तीखी तुरा तुलसी कहतो, पै हिएँ उपमा को समाउ न आयो।
मानो प्रतच्छ परब्बत की नभ लोक लसी, कपि यों धुकि धायी* ॥ 3॥

अंगद-दौत्य : 'रामचरितमानस' से

इहाँ प्रात जागे रघुराई। पूछा मत सब सचिव बोलाई॥
कहहु बेगि का करिअ उपाई। जामवंत कह पद सिरु नाई॥
सुनु सर्बग्य सकल उर बासी। बुधि बल तेज धर्म गुनि रासी॥
मंत्र कहउँ निज मति अनुसारा। दूत पठाइअ बालिकुमारा॥
नीक मंत्र सबके मन माना। अंगद सन कह कृपानिधाना॥
बालितनय बुधि बल गुन धामा। लंका जाहु तात मम कामा॥
बहुत बुझाइ तुम्हहि का कहऊँ। परम चतुर मैं जानत अहऊँ॥
काजु हमार तासु हित कोई। रिपु सन करेहु बतकही कोई॥

प्रभु अग्या धरि सीस चरन बंदि अंगद उठेउ।
सोइ गुन सागर ईस राम कृपा जा पर करहु॥ 1॥ (क)
स्वयंसिद्ध सब काज नाथ मोहि आदरु दियउ।
अस बिचारि जुबराज तन पुलकित हरषित हियउ॥ 1॥ (ख)

---

* यह कबित्त 'कवितावली' लंकाकांड से लिया गया है।—सम्पादक

बंदि चरन उर धरि प्रभुताई । अंगद चलेउ सबहिं सिरु नाई ॥
प्रभु प्रताप उर सहज असंका । रन बाँकुरा बालिसुत बंका ॥
पुर पैठत रावन कर बेटा । खेलत रहा सो होइ गै भेटा ॥
बातहिं बात करष बढ़ि आई । जुगल अतलु बल पुनि तरुनाई ॥
तेहिं अंगद कहुँ लात उठाई । गहि पद पटकेउ भूमि भवाँई ॥
निसिचर निकर देखि भट भारी । जहँ तहँ चले न सकहिं पुकारी ॥
एक एक सन मरमु न कहहीं । समुझि तासु बध चुप करि रहहीं ।
भयउ कोलाहल नगर मझारी । आवा कपि लंका जेहि जारी ॥
अब धौं कहा करिहि करतारा । अति सभीत सब करहिं बिचारा ॥
बिनु पूछें मगु देहिं दिखाई । जेहि बिलोक सोइ जाइ सुखाई ॥

गयउ सभा दरबार तब, सुमिरि राम पद कंज ।
सिंह ठवनि इत उत चितव, धीर धीर बल पुंज ॥ 2 ॥

तुरत निसाचर एक पठावा । समाचार रावनहि जनावा ॥
सुनत बिहँसि बोला दससीसा । आनहु बोलि कहाँ कर कीसा ॥
आयसु पाइ दूत बहु धाए । कपि कुंजरहि बोलि लै आए ॥
अंगद दीख दसानन कैसें । सहित प्रान कज्जलगिरि जैसें ॥
भुजा बिटप सिर सृंग समाना । रोमावली लता जनु नाना ॥
मुख नासिका नयन अरु काना । गिरि कंदरा खोहू अनुमाना ॥
गयउ सभाँ मन नेकु न मुरा । बालितनय अतिबल बाँकुरा ॥
उठे सभासद कपि कहुँ देखी । रावन उर भा क्रोध बिसेषी ॥

जथा मत्त गज जूथ महुँ, पंचानन चलि जाइ ।
राम प्रताप सुमिरि मन, बैठ सभाँ सिरु नाइ ॥ 3 ॥

कह दसकंठ कवन तैं बंदर । मैं रघुबीर दूत दसकंधर ॥
मम जनकहि तोहि रही मिताई । तब हित कारन आयउँ भाई ॥
उत्तम कुल पुलस्ति कर नाती । सिव बिरंचि पूजेहु बहु भाँती ॥

बर पायहु कीन्हेहु सब काजा । जीतेहु लोकपाल सब राजा ॥
नृप अभिमान मोह बस किंबा । हरि आनिहु सीता जगदंबा ॥
अब सुभ कहा सुनहु तुम्ह मोरा । सब अपराध छमिहि प्रभु तोरा ॥
दसन गहहु तृन कंठ कुठारी । परिजन सहित संग निज नारी ॥
सादर जनकसुता करि आगे । एहि बिधि चलहु सकल भय त्यागे ॥

प्रनतपाल रघुबंसमनि त्राहि त्राहि अब मोहि ।
आरत गिरा सुनत प्रभु अभय करैगो तोहि ॥ 4 ॥

रे कपिपोत बोलु संभारी । मूढ़ न जानेहि मोहि सुरारी ॥
कहु निज नाम जनक कर भाई । केहि नातें मानिऐ मिताई ॥
अंगद नाम बालि कर बेटा । तासों कबहुँ भई ही भेंटा ॥
अंगद बचन सुनत सकुचाना । रहा बालि बानर मैं जाना ॥
अंगद तहीं बालि कर बालक । उपजेहु बंस अनल कुल घालक ॥
गर्भ न गयहु ब्यर्थ तुम्ह जायहु । निज मुख तापस दूत कहावहु ॥
अब कहु कुसल बालि कहँ अहई । बिहँसि बचन तब अंगद कहई ।
दिन दस गएँ बालि पहि जाई । बूझेहु कुसल सखा उर लाई ॥
राम विरोध कुसल जसि होई । सो सब तोहि सुनाइहि सोई ॥
सुनु सठ भेद होइ मन ताकें । श्री रघुबीर हृदय नहिं जाकें ॥

हम कुल घालक सत्य तुम्ह कुल पालक दससीस ।
अंधउ बधिर न अस कहहिं नयन कान तव बीस ॥ 5 ॥

सिव बिरंचि सुर मुनि समुदाई । चाहत जासु चरन सेवकाई ॥
तासु दूत होइ हम कुल बोरा । अइसिहुँ मति उर बिहर न तोरा ॥
सुनि कठोर बानी कपि केरी । कहत दसानन नयन तरेरी ॥
खल तव कठिन बचन सब सहऊँ । नीति धर्म मैं जानत अहऊँ ॥
कह कपि धर्मसीलता तोरी । हमहुँ सुनी कृत पर त्रिय चोरी ॥

देखी नयन दूत रखवारी । बूड़ि न मरहु धर्म ब्रतधारी ॥
कान नाक बिनु भगिनि निहारी । छमा कीन्हि तुम्ह धर्म बिचारी ॥
धर्मसीलता तव जग जागी । पावा दरसु हमहुँ बड़भागी ॥

जनि जल्पसि जड़ जंतु कपि सठ बिलोकु मम बाहु ।
लोकपाल बल बिपुल ससि ग्रसन हेतु सब राहु ॥ 6 ॥(क)
पुनि नभ सर मम कर निकर कमलन्हि पर करि बास ।
सोभित भयउ मराल इव संभु सहित कैलाश ॥ 6 ॥(ख)

तुम्हरे कटक मांझ सुनु अंगद । मो सन भिरिहि कवन जोधा बद ॥
तव प्रभु नारि बिरहँ बलहीना । अनुज तासु दुख दुखी मलीना ॥
तुम्ह सुग्रीव कूलद्रुम दोऊ । अनुज हमार भीरु अति सोऊ ॥
जामवंत मंत्री अति बूढ़ा । सो कि होइ अब समरारूढ़ा ॥
सिल्पि कर्म जानहिं नल नीला । है कपि एक महा बलसीला ॥
आवा प्रथम नगरु जेहिं जारा । सुनत बचन कह बालिकुमारा ॥
सत्य बचन कहु निसिचर नाहा । साँचेहुँ कीम कीन्ह पुर दाहा ॥
रावन नगर अल्प कपि दहई । सुनि अस बचन सत्य को कहई ॥
जो अति सुभट सराहेहु रावन । सो सुग्रीव केर लघु धावन ॥
चलइ बहुत सो बीर न होई । पठवा खबरि लेन हम सोई ॥

सत्य नगरु कपि जारेउ बिनु प्रभु आयसु पाइ ।
फिरि न गयउ सुग्रीव पहिं तेहिं भय रहा लुकाइ ॥ 7 क ॥
सत्य कहहि दसकंठ सब मोहि न सुनि कछु कोह ।
कोउ न हमारें कटक अस तो सन लरत जो सोह ॥ 7 ख ॥
प्रीति बिरोध समान सन करिअ नीति असि आहि ।
जौं मृगपति बध मेडुकन्हि भल कि कहइ कोउ ताहि ॥ 7 ग ॥

जद्यपि लघुता राम कहुँ तोहि बधें बड़ दोष।
तदपि कठिन दसकंठ सुनु छत्र जाति कररोष॥ 7 घ॥
हँसि बोलेउ दसमौलि तब कपि कर बड़ गुन एक।
जो प्रतिपालइ तासु हित करइ उपाय अनेक॥ 7 च॥

धन्य कीस जो निज प्रभु काजा। जहँ तहँ नाचइ परिहरि लाजा॥
नाचि कूदि करि लोग रिझाई। पति हित करइ धर्म निपुनाई॥
अंगद स्वामिभक्त तब जाती। प्रभु गुन कस न कहसि एहि भाँति॥
मैं गुन गाहक परम सुजाना। तव कटु रटनि करउँ नहिं काना॥
कह कपि तव गुन गाहकताई। सत्य पवनसुत मोहि सुनाई॥
बन बिधंसि सुत बधि पुर जारा। तदप न तेहिं कछु कृत अपकारा॥
सोइ बिचारि तव प्रकृति सुहाई। दसकंधर मैं कीन्हि ढिठाई॥
देखेऊँ आइ जो कछु कपि भाषा। तुम्हरे लाज न रोष न माखा॥
जौं असि मति पितु खाए कीसा। कहि अस बचन हँसा दससीसा॥
पितहि खाइ खातेउँ पुनि तोही। अबहीं समुझि परा कछु मोही॥
बालि बिमल जस भाजन जानी। हतउँ न तोहि अधम अभिमानी।
कहु रावन रावन जग केते। मै निज श्रवन सुने सुनु जेते॥
बलिहि जितन एक गयउ पताला। राखेउ बाँधि सिसुन्ह हयसाला॥
खेलहिं बालक मारहिं जाई। दया लागि बलि दीन्ह छोड़ाई।
एक बहोरि सहसभुज देखा। धाइ धरा जिमि जंतु बिसेषा॥
कौतुक लागि भवन लै आवा। सो पुलस्ति मुनि जाइ छोड़ावा॥

एक कहत मोहि सकुच अति रहा बालि की काँख।
इन्ह महुँ रावन तैं कवन सत्य बदहि तजि माख॥ 8॥

सुनु सठ सोइ रावन बलसीला। हरगिरि जान जासु भुज लीला॥
जान उमापति जासु सुराई। पूजेउँ जेहि सिर सुमन चढ़ाई॥

सिर सरोज निज करन्हि उतारी । पूजेऊँ अमित बार त्रिपुरारी ॥
भुज बिक्रम जानहिं दिगपाला । सठ अजहूँ जिन्ह कें उर साला ॥
जानहिं दिग्गज उर कठिनाई । जब जब भिरउँ जाइ बरिआई ॥
जिन्ह के दसन कराल न फूटे । उर लागत मूलक इव टूटे ॥
जासु चलत डोलति इमि धरनी । चढ़त मत्त गज जिमि लघु तरनी ॥
सोइ रावन जग बिदित प्रतापी । सुनेहि न श्रवन अलीक प्रलापी ॥

तेहि रावन कहँ लघु कहसि नर कर करसि बखान ।
रे कपि बर्बर खर्ब खल गब अब जाना तब ग्यान ॥ 9 ॥

सुनि अंगद सकोप कह बानी । बोलु सँभारि अधम अभिमानी ॥
सहसबाहु भुज गहन अपारा । दहन अनल सम जासु कुठारा ॥
जासु परसु सागर खर धारा । बूड़े नृप अगनित बहु बारा ॥
तासु गर्व जेहि देखत भागा । सो नर क्यों दससीस अभागा ॥
राम मनुज कस रे सठ बंगा । धन्वी कामु नदी पुनि गंगा ।
पसु सुरधेनु कल्पतरु रूखा । अन्न दान अरु रस पीयूषा ॥
बैनतेय खग अहि सहसानन । चिंतामनि पुनि उपल दसानन ॥
सुनु मतिमंद लोक बैकुंठा । लाभ कि रघुपति भगति अकुंठा ॥

सेन सहित तव मान मथि बन उजारि पुर जारि ।
कस रे सठ हनुमान कपि गायउ जो तब सुत मारि ॥ 10 ॥

सुनु रावन परिहरि चतुराई । भजसि न कृपासिंधु रघुराई ॥
जौं खल भएसि राम कर द्रोही । ब्रह्म रुद्र सक राखि न तोही ॥
मूढ़ बृथा जनि मारसि गाला । राम बयर अस होइहि हाला ॥
तव सिर निकर कपिन्ह के आगें । परिहहिं धरनि राम सर लागें ॥
ते तव सिर कंदुक सम नाना । खेलिहहिं भालु कीस चौगाना ॥
जबहिं समर कोपिहि रघुनायक । छुटिहहिं अति कराल बहु सायक ॥

तब कि चलिहि अस गाल तुम्हारा । अस बिचारि भजु राम उदारा ॥
सुनत बचन रावन परजरा । जरत महानल जनु घृत परा ॥
कुंभकरन अस बंधु मम सुत -प्रसिद्ध सक्रारि ।
मोर पराक्रम नहिं सुनेहि जितेऊँ चराचर झारि ॥ 11 ॥

सठ साखामृग जोरि सहाई । बाँधा सिंधु इहइ प्रभुताई ॥
नाघहिं खग अनेक बारीसा । सूर न होहिं ते सुनु सब कीसा ॥
मम भुज सागर बल जल पूरा । जहँ बड़े बहु सुर नर सूरा ॥
बीस पयोधि अगाध अपारा । को अस बीर जो पइहि पारा ॥
दिक्पालन्ह मैं नारि भरावा । भूप सुजस खल मोहि सुनावा ॥
जौं पै समर सुभट तव नाथा । पुनि पुनि कहसि जासु गुन गाथा ॥
तौ बसीठ पठवत केहि काजा । रिपु सन प्रीति करन नहिं लाजा ॥
हरगिरि मथन निरखु मम बाहू । पुनि सठकपि निज प्रभुहिसराहू ॥
सूर कवन रावन सरिस स्वकर काटि जेहिं सीस ।
हुने अनल अति हरष बहु बार साखी गौरीस ॥ 12 ॥

जरत बिलोकेउँ जबहिं कपाला । विधि के लिखे अंक निज माला ॥
नर कें कर आपन बध वाँची । हसेउँ जानि बिधि गिरा असाँची ॥
सोउ मन समुझि त्रास नहिं मोरें । लिखा बिरंचि जरठ मति भोरें ॥
आन बीर बल सठ मम आगे । पुनि-पुनि कहसि लाज पति त्यागें ॥
कहं अंगद सलज्ज जग माहीं । रावन तोहि समान कोउ नाहीं ॥
लाजवंत तव सहज सुभाऊ । निज मुख निज गुन कहसि न काऊ ॥
सिर अरु सैल कथा चित रही । ताते बार बीस तैं कही ॥
सो भुजबल राखेहु उर घाली । जीतेहु सहसबाहु बलि बाली ॥
सुनु मतिमंद देहि अब पूरा । काटें सीस कि होइअ सूरा ॥
इंद्रजालि कहुँ कहिअ न बीरा । काटइ निज कर सकल सरीरा ॥

जरहिं पतंग मोह बस भार बहहिं खर बृंद ।
ते नहिं सूर कहावहिं समुझि देखु मतिमंद ॥ 13 ॥

अब जनि बतबढ़ाव खल करही । सुनु मम बचन मान परिहरही ॥
दसमुख मैं न बसीठी आयउँ । अस बिचारि रघुबीर पठायउँ ॥
बार-बार अस कहइ कृपाला । नहिं गजारि जसु बधें सृकाला ॥
मन महुँ समुझि बचन प्रभु केरे । सहेउँ कठोर बचन सठ तोरे ॥
नाहिं त करि मुख भंजन तोरा । लै जातेउँ सीतहि बरजोरा ॥
जानेउँ तव बल अधम सुरारी । सूने हरि आनिहि परनारी ॥
तैं निसिचर पति गर्ब बहूता । मैं रघुपति सेवक कर दूता ॥
जौं न राम अपमानसिंह डरऊँ । तोहि देखत उस कौतुक करऊँ ॥
तोहि पटकि महि सेन हति चौपट करि तव माउँ ।
तब जुवतिन्ह समेत सठ जनक सुतहि लै जाउँ ॥ 14 ॥

जौं अस करौं तदपि न बड़ाई । मुएहि बधें नहिं कुछ मनुसाई ॥
कौल काम बस कृपिन, बिमूढ़ा । अति दरिद्र अजसी अति बूढ़ा ॥
सदा रोगबस संतत क्रोधी । बिष्नु बिमुख श्रुति संत बिरोधी ॥
तनु पोषक निंदक अघ खानी । जीवत सव सम चौदह प्रानी ॥
अस बिचारि खल बधउँ न तोही । अब जनि रिस उपजावसि मोही ॥
सुनि सकोप कह निसिचर गाथा । अधर दसन दसि मीजत हाथा ॥
रे कपि अधम मरन अब चहसी । छोटे बदन बात बड़ि कहसी ॥
कटु जल्पसि जड़ कपि बल जाकें । बल प्रताप बुधि तेज न ताकें ॥
अगुन अमान जानि तेहि दीन्ह पिता बनबास ।
सो दुख अरु जुबती बिरह पुनि निसि दिन मम त्रास ॥ 15 क ॥
जिन्ह के बल कर गर्ब तोहि अइसे मनुज अनेक ।
खाहिं निसाचर दिवस निसि मूढ़ समुझु तजि टेक ॥ 15 ख ॥

जब तेहिं कीन्हि राम कै निंदा। क्रोधवंत अति भयउ कपिंदा॥
हरि हर निंदा सुनइ जो काना। होइ पाप गोघात समाना॥
कटकटान कपिकुंजर भारी। दुहु भुजदंड तमकि माहि भारी॥
डोलत धरनि सभासद खसे। चले भाजि भय मारुत ग्रसे॥
गिरत सँभारि उठा दसकंधर। भूतल परे मुकुट अति सुंदर॥
कछु तेहिं लै निज सिरन्हि सँवारे। कछु अंगद प्रभु पास पवारे॥
आवत मुकुट देखि कपि भागे। दिनहीं लूक परन बिधि लागे॥
की रावन करि कोप चलाए। कुलिस चारि आवत अति धाए॥
कह प्रभु हँसि जनि हृदयँ डेराहू। लूक न असनि केतु नहिं राहू॥
ए किरीट दसकंधर केरे। आवत बालितनय के प्रेरे॥

तरकि पवनसुत कर गहे आनि धरे प्रभु पास।
कौतुक देखहिं भाल कपि दिनकर सरिस प्रकास॥ 16 क॥
उहाँ सकोपि दसानन सब सन कहत रिसाइ।
धरहु कपिहि धरि मारहु सुनि अंगद मुसुकाइ॥ 16 ख॥

सुभाषित 'दोहावली' से

हरे चरहिं, तापहिं बरे, फरें पसारहिं हाथ।
तुलसी स्वारथ मीत सब, परमारथ रघुनाथ॥ 1॥
राम दूरि माया बढ़ति, घटति जानि मन माँह।
भूरि होति रबि दूरि लखि, सिर पर पगतर छाँह॥ 2॥
तनु विचित्र कायर बचन अहि अहार मन घोर।
तुलसी हरि भए पच्छधर, ताते कह सब मोर॥ 3॥
ग्रह ग्रहीत, पुनि बातबस, तेहि पुनि बीछी मार।
तेहि पिआइअ बारुनी कहहु काह उपचार॥ 4॥

तुलसी चातक माँगनो एक, एक घन दानि।
देत जो भू भाजन भरत लेत जो घूँटक पानि ॥ 5 ॥
सहबासी काचो गिलहिं पुरजन पाक प्रबीन।
कालछेप केहि मिलि करहिं तुलसी खग मृग मीन ॥ 6 ॥
लोक रीति फूटी सहहिं आँजी सहइ न कोई।
तुलसी जो आँजी सहइ सो आँधरो न होइ ॥ 7 ॥
तुलसी मीठी अमी तें मागी मिलै जो मीच।
सुधा सुधाकर समय बिनु कालकूट तें नीच ॥8 ॥
बरषत हरषत लोग सब करपत लखै न कोइ।
तुलसी प्रजा सुभाग ते भूप भानु सो होइ ॥ 9 ॥
मुखिया मुखु सो चाहिए खान पान कहुँ एक।
पालइ पोषइ सकल अंग तुलसी सहित विवेक ॥ 10 ॥

बिहारी

[जन्म 1595 ई., मृत्यु 1663 ई.]

बिहारी रीतिकाल के सर्वाधिक लोकप्रिय कवि हैं। इनका जन्म संवत् 1652 वि. (सन् 1595 ई.) में ग्वालियर के पास बसुआ गोविंदपुर गाँव के एक ब्राह्मण परिवार में हुआ था। इनके पिता का नाम केशवराय था। इनका एक भाई और एक बहन थी। इनका विवाह मथुरा के किसी माथुर ब्राह्मण की कन्या से हुआ था। निस्संतान होने के कारण इन्होंने अपने भतीजे निरंजन को गोद ले लिया था। जब बिहारी सात-आठ वर्ष के थे तभी इनके पिता ग्वालियर छोड़कर ओरछा चले गए थे। वहीं बिहारी ने रीतिकाव्यधारा के प्रवर्त्तक केशवदास से काव्य-शिक्षा ली और काव्यग्रंथों तथा संस्कृत, प्राकृत भाषाओं का अध्ययन किया। उर्दू-फारसी का अध्ययन इन्होंने आगरा आकर किया। वहीं वे हिंदी के मूर्धन्य नीतिकार कवि रहीम के संपर्क में आए और उनके कृपापात्र बने। बिहारी सम्राट शाहजहाँ के कृपापात्र थे। बूँदी, जोधपुर जैसी कई रियासतों से इन्हें वृत्ति मिलती थी। जयपुर के महाराजा जयसिंह के दरबार में बिहारी राजकवि थे। इन्हें हर दोहे की रचना पर महाराजा की ओर से एक अशर्फी मिलती थी। महाराजा से पर्याप्त पुरस्कार और गाँव भी इन्हें मिले थे। बिहारी संभ्रांत संस्कारों और रसिक प्रकृति के विनोदी तथा व्यंग्यप्रिय व्यक्ति थे। साहित्यशास्त्र, ज्योतिष, व्याकरण, वैद्यक, दर्शन तथा राजनीति के अच्छे जानकार भी थे। जयपुर दरबार में इनका बहुत सम्मान था। बिहारी की मृत्यु संवत् 1720 वि. (1663 ई.) में हुई।

बिहारी की केवल एक रचना मिलती है 'बिहारी सतसई' जिसमें 713 मुक्तक दोहे तथा सोरठे संग्रहीत हैं। इनके तीन कवित्त भी उपलब्ध हैं। बिहारी की अक्षय और अप्रतिम कीर्ति का आधार उनकी 'सतसई' है। इतनी कम रचना करके इतना अधिक सम्मान पानेवाला हिंदी में कोई दूसरा कवि नहीं है। बिहारी को यह

सम्मान उनके काव्यगुण के कारण मिला है, काव्य परिमाण के कारण नहीं। इसी काव्यगुण से प्रभावित होकर 'बिहारी सतसई' की सैकड़ों टीकाएँ लिखी गई हैं, अनेक भाषाओं में पद्यात्मक भाषांतर किए गए हैं, कवित्त, सवैया और कुंडलिया छंदों में उनके दोहों के भावों को पल्लवित किया गया है और अनेक चित्रकारों ने उनके दोहों के आधार पर सुंदर चित्रों का निर्माण किया है।

फुटकल पद्योंवाली रचनाओं का संख्यासूचक नाम देने की परंपरा इस देश में बहुत पुरानी है। सौ पद्यों के संग्रह को शतक कहा जाता था। भर्तृहरि के शृंगारशतक, नीतिशतक और वैराग्यशतक, मयूर-कवि का सूर्यशतक, बाण का चंडीशतक, अमरुक का अमरुकशतक प्रसिद्ध कृतियाँ हैं। शतक नाम की और भी अनेक प्रसिद्ध कृतियाँ हैं। हिंदी के रीतिकाल का प्रारंभ होने के पहले और बाद में भी शृंगारी शतकों की परंपरा चलती रही। सप्तशती या सतसई की परंपरा भी पुरानी है। हाल कवि की 'गाथा सप्तशती' ऐसी रचनाओं का प्रथम संग्रह है। बारहवीं शती में लिखित गोवर्धन पंडित की 'आर्या सप्तशती' का बहाव अट्ठारहवीं शती के कवि विश्वेश्वर तक चलता रहा। 'बिहारी सतसई' इसी परंपरा की रचना है, जो लोकप्रियता में अपने से पहले और बाद में लिखित सभी सतसइयों से बहुत-बहुत आगे है।

'बिहारी सतसई' में प्रधान रस शृंगार है। महाराजा जयसिंह की प्रशंसा संबंधी दोहों में वीररस, राधा-कृष्ण संबंधी कुछ दोहों में भक्ति रस और नकली वैद्य, नपुंसक ज्योतिषी तथा परस्त्रीगामी पौराणिक मिश्रजी वाले दोहों में हास्यरस के भी अच्छे उदाहरण मिल जाते हैं। बीच-बीच में नीति और वैराग्य के भी दोहे मिलते हैं पर सतसई का मूल और व्यापक क्षेत्र शृंगार है।

आचार्य शुक्ल ने काव्य को विभावन व्यापार कहा है। इस दृष्टि से बिहारी सतसई अद्वितीय है। आलंब और आश्रय के रूप-चित्रों का अत्यंत मनोहारी-चित्रण बिहारी ने अपने दोहों में किया है। कभी-कभी नायक की और अधिकांशतः नायिका की कामेच्छा प्रकाशक चेष्टाओं (हाव) का चित्रण बिहारी ने बार-बार और बहुत ही अच्छा किया है। अनुभावों की योजना में भी बिहारी अद्वितीय हैं। कहीं-कहीं बिहारी ने ऐसी चेष्टाओं का भी वर्णन किया है जो शास्त्रीय परिभाषा के अनुसार 'हाथ' के अंतर्गत नहीं आतीं किंतु आकर्षण रूप चित्रित करने में कमाल करती हैं। रूप-चित्रण में कभी वे सीध वर्णन करते हैं तो कभी उपमा, रूपक, उत्प्रेक्षा, श्लेष

आदि के सहारे। शृंगार के संयोगपक्ष के चित्रण में, वियोग-पक्ष की अपेक्षा, बिहारी अधिक आकर्षक, अधिक यथार्थ और अधिक प्रभावी दिखते हैं। बिहारी ने पूर्वानुराग का भी वर्णन किया है पर कम। प्रवास का वर्णन उन्होंने अधिक किया है। भावव्यंजना, रसव्यंजना, वस्तुव्यंजना सभी में बिहारी ने अपनी सरसता, बहुलता और विदग्धता का परिचय दिया है। कहते हैं बिहारी ने गागर में सागर भर दिया है। जहाँ ऐसा हुआ है वहाँ उनके दोहे सामान्य समझ के पाठक के लिए दुरुह हो गए हैं। बिहारी के ऐसे दोहों को, जिनकी खासी संख्या है, समझने के लिए काव्य-परंपरा, शास्त्रपरंपरा, रोगपरंपरा, दर्शन, व्याकरण, ज्योतिष, आयुर्वेद, राजनीति आदि का ज्ञान आवश्यक है। यह देखकर वस्तुतः आश्चर्य होता है कि दर्शन, व्याकरर्ण, ज्योतिष, आयुर्वेद, राजनीति जैसे विज्ञानों को बिहारी ने प्रेम और शृंगार जैसे भावात्मक विषयों के साथ जोड़कर अद्‌भुत काव्य-रसिकता का परिचय दिया है। बिहारी में चमत्कार भी है और भावगांभीर्य भी। शब्दालंकारों, अर्थालंकारों और उभयालंकारों के प्रयोग द्वारा उन्होंने अपने कथ्य को बहुशः अलंकृत किया है। प्रेम के विस्तृत क्षेत्र में कुछ प्रसंगों तक सीमित न रहकर उन्होंने ऊहा द्वारा नए-नए प्रसंगों की सृष्टि की है।

बिहारी ही नहीं, रीतिकाल के हर शृंगारी कवि के आकर्षण का प्रधान केंद्र नारी का मादक रूप है। यह बात उन्हें विरासत में भी मिली थी और उनका सामंती परिवेश भी इसी के अनुकूल था। स्वभावतः बिहारी ने भी नारी के सहज रूप की अपेक्षा उसके मादक रूप को ही ध्यान में रखा है। उन्होंने उसके कल्पना-कोमल रूप को अधिक उभाड़ा है। बिहारी की नारी कामिनी है, युवती है, अनुरागवती है, मादक है। उसका परिवेश प्रायः आडंबरपूर्ण है, वेश-भूषा बेशकीमती है, उसके अंग-अंग बहुमूल्य अलंकारों और सौंदर्य प्रसाधनों से लदे रहते हैं, विविध तरह के पुष्प और इत्र से मूर्तिमान 'मद' बनाते हैं। उनकी नारी गरीब नहीं है, उसके पास कोई आर्थिक कठिनाई नहीं है, गृहकार्य की कोई उलझन नहीं है। वह संपन्न है, उसके पास चौबीसों घंटे प्रेम करने की सुविधा है। गँवार युवती भी हँसते समय गाल पर पड़नेवाले गड्ढे और सुनकिरवा के तिलक के कारण मादक बनकर ही सामने आती है।

बिहारी की भाषा शुद्ध और साहित्यिक ब्रजभाषा है। उनकी वाक्यरचना व्यवस्थित है, शब्दों के रूपों का व्यवहार एक निश्चित प्रणाली पर है। शब्दों की

तोड़-मरोड़ उन्होंने भरसक नहीं की है। जहाँ ऐसा हुआ भी है वहाँ छंद के आग्रह से ही हुआ है। मुहावरों का उन्होंने सुंदर प्रयोग किया है। बिहारी की भाषा विषय के अनुसार अपना रूप बदलती है। उसमें साहित्यिक दोष ढूँढ़ना आसान नहीं है। इनकी भाषा में पूर्वी प्रयोग भी मिलते हैं। अनुप्रास के आग्रहवश उसमें कहीं-कहीं खड़ी बोली के क्रियापद भी मिलते हैं। अनुप्रासों की योजना बिहारी ने बड़ी सावधानी से की है। आचार्य हजारीप्रसाद द्विवेदी ने बिहारी को 'सजग कलाकार' कहा है तो ठीक ही कहा है। वे हर शब्द को पूरी तरह तोल-परखकर प्रयुक्त करते हैं। अपने इन्हीं गुणों के कारण बहुत थोड़ा लिखकर भी बहुत बड़ा यश और स्थान बिहारी को मिला है। बिहारी के बिना रीतिकाव्य की चर्चा तो अधूरी रहती ही है, समस्त हिंदी काव्य का इतिहास भी इनके बिना अधूरा रह जाता है।

कीनैं हूँ कोरिक जतन अब कहि काढ़ैकौनु।
भो मन-मोहन रूप मिलि पानी मैं को लौन ॥ 1 ॥
थोरै ही गुन रीझते, बिसराई वह बानि।
तुमहूँ, कान्ह, मनौ भए आजकाल्हि के दानि ॥ 2 ॥
अंग अंग नग जगमगत दीपसिखा-सी देह।
दिया बढ़ाए हूँ रहै बड़ो उज्यारौ गेह ॥ 3 ॥
कब कौ टेरत दीन रट, होत न स्याम सहाइ।
तुम हूँ लागी जगत-गुरु जग-नाइक, जग-बाई ॥ 4 ॥
पत्रा हीं तिथि पाइयै वा घर कैं चहुँ पास।
नितप्रति पून्यौईं रहै आनन-ओप-उजास ॥ 5 ॥
कंज नयनि मंजन किए, बैठी ब्योरति वार।
कच-अँगुरी-बिच दीठि दे, चितवति नंदकुमार ॥ 6 ॥
दियौ सु सीस चढ़ाइ लै आछी भाँति अएरि।
जापैं सुखु चाहतु लियौ, ताके दुखहिं न फेरि ॥ 7 ॥
कोऊ कोरिक संग्रहौ, कोऊ लाख हजार।
मो संपति जदुपति सदा बिपति बिदारनहार ॥ 8 ॥
तंत्री-नाथ, कबित्त-रस, सरस-राग, रति-रंग।
अनबूड़े बूड़े, तरे जे बूड़े सब अंग ॥ 9 ॥
या अनुरागी चित्त की गति समुझै नहिं कोइ।
ज्यौं ज्यौं बूड़ै स्याम रंग, त्यौं त्यौं उज्जलु होइ ॥ 10 ॥
छला छबीले लाल कौ नवल नेह लहिं नारि।
चूँवति, चाहति, लाइ उर पहिरति, धरति उतारि ॥ 11 ॥
कैसें छोटे नरनु तें सरत बड़नु के काम।
मढ्यौ दमामौ जात क्यौं, कहि चूहे कैं चाम ॥ 12 ॥

जपमाला छापैं तिलक सरै न एकौ कामु।
मन काँचै नाचै बृथा, साँचै राँचै रामु ॥ 13 ॥
घरु घरु डोलत दीन ह्वै, जनु जनु जाचत जाइ।
दियैं लोभ-चसमा चखनु लघु पुनि बड़ौ लखाइ ॥ 14 ॥
कनकु-कनक तैं सौ गुनी मादकता अधिकाइ।
उहिं खाएँ बौराइ नर, इहिं पाएँ हीं बौराइ ॥ 15 ॥
सोहतु सँगु समान सौं यहै कहै सबु लोगु।
पान-पीक औठनु बनै, काजर नैननु जोगु ॥ 16 ॥
नर की अरु नल-नीर की गति एकै करि जोइ।
जेतौ नीचौ ह्वै चलै, तेतौ ऊँचौ होइ ॥ 17 ॥
भूषन-भारु सँभारिहैं क्यौं इहिं तन सुकुमार।
सूधे पाइ न धर परैं सोमा हीं कैं भार ॥ 18 ॥
कहत सबै, बेंदी दियैं आँकु दसगुनौ होतु।
तिय-लिलार बेंदी दियैं अगनितु बढ़तु उदोतु ॥ 19 ॥
कोरि जतन कोऊ करौ, परै न प्रकृतिहिं बीचु।
नल-बल चलु ऊँचै चढ़ै, अंत नीच कौ नीच ॥ 20 ॥
दृग उरझत, टूटत कुटुम, जुरत चतुर-चित प्रीति।
परति गाँठि तुरजन-हियैं; दई नई यह रीति ॥ 21 ॥
भजन कह्यो, तातैं भज्यौ; भज्यौ न एकौ बार।
दूरि भजन जातैं कह्यौ, सो तैं भज्यौ गँवार ॥ 22 ॥
उड़ति गुड़ी लखि लाल की अँगना अँगना माँह।
बौरी लौं दौरी फिरति छुवति छबीली छाँह ॥ 23 ॥
बसै बुराई जासु तन, ताही कौ सनमानु।
भलौ भलौ कहि छोड़ियै, खोटैं ग्रह जपु दानु ॥ 24 ॥

नासा मोरि नचाइ जे करी कका की सौंह।
काँटे सी कसकैं ति हिय गड़ी कँटीली भौंह ॥ 25 ॥
अति अगाधु, अति औथरौ नदी, कूप, सर, बाइ।
सो ताकौ सगरु, जहाँ जाकी प्यास बुझाइ ॥ 26 ॥
कहै यहै श्रुति सुम्रत्यौ, यहै सयाने लोग।
तीन दबावत निसक हीं, राजा, पातक, रोग ॥ 27 ॥
समै समै सुंदर सबै, रूपु कुरूपु न कोइ।
मन की रुचि जेती जितै, तित तैती रुचि होइ ॥ 28 ॥
चलतु धैरु घर घर, तऊ घरी न घर ठहराइ।
समुझि उहीँ घर कौं चलै, भूरि उहीँ घर जाइ ॥ 29 ॥
बत्तरस-लालच लाल की मुरली धरी लुकाइ।
सौंह करै, मौंहनु हँसै दैन कहै, नटि जाइ ॥ 30 ॥
बिरह-बिकल बिनु ही लिखी पाती दई पठाइ।
आँक-बिहूनीयौ सुचित सूनैं बाँचत जाइ ॥ 31 ॥
दोऊ चोरमिहीचनी खेलु न खेलि अघात।
दुरत हियैं लपटाइ कै, छुवत हियैं लपटात ॥ 32 ॥
छिप्यौ छबीलौ मुँहु लसै नीलैं आँचर-चीर।
मनौ कलानिधि झलमलै कालिंदी कैं नीर ॥ 33 ॥
छुटे छुटावत जगत तैं सटकारे सुकुमार।
मनु बाँधत बेनी-बँधे नील छबीले बार ॥ 34 ॥
चमचमात चंचल नयन बिच घूँघट-पट झीन।
मानहु सुरसरिता विमल जल उछरत जुग मीन ॥ 35 ॥
बुरौ बुराई जौ तजै, तौ चितु खरौ डरातु।
ज्यौं निकलंकु मयंकु लखि गनै लोग उतपातु ॥ 36 ॥

पटु पाँखै, भखु काँकरै, सपर परेई संग।
सुखी परेवा पुहुमि मैं एकै तुहीं बिहंग ॥ 37 ॥
करलै सूँघि सराहि कै सबै रहै गहि मौनु।
गंधी अंध, गुलाब कौ गवई गाहकु कौन ॥ 38 ॥
कोरि जतन कोऊ करौ, तन की तपनि न जाइ।
जौ लौं भीजे चीर लौं, रहै न प्यौ लपटाइ ॥ 39 ॥
सोहत ओढ़ैं पीतु पटु स्याम सलोनैं गात।
मनौ नीलमनि-सैल पर आतपु पर्‌यौ प्रभात ॥ 40 ॥

घनानंद

[जन्म 1673 ई., मृत्यु 1760 ई.]

अन्य मध्यकालीन कवियों की तरह घनानंद की जीवनी के विषय में भी अनेक विवाद हैं। घनानंद के जीवन और साहित्य के मान्य अध्येता आचार्य विश्वनाथ प्रसाद मिश्र के मत से घनानंद का जन्म संवत् 1730 वि.(1673 ई.) में हुआ था। बाबू जगन्नाथदास 'रत्नाकर' ने इनकी जन्मभूमि बुलंदशहर मानी है। ये कायस्थ वंश में उत्पन्न हुए थे। इनका बचपन कैसे बीता, शिक्षा-दीक्षा क्या थी, इस संबंध में सूचनाएँ उपलब्ध नहीं हैं। प्राप्त सूचनाओं के अनुसार घनानंद प्रसिद्ध विलासी मुगल सम्राट् मुहम्मदशाह 'रँगीले' के दरबार में प्रतिष्ठित कर्मचारी थे—शायद मीरमुंशी या बज़ीर। घनानंद बहुत अच्छा गाते भी थे। रूप-रंग से भी काफी स्वस्थ और सुंदर रहे होंगे तभी तो रँगीले बादशाह की चहेती नर्तकी वेश्या सुजान से प्रेम करने की हिम्मत कर सके थे। राजदरबारी इनसे ईर्ष्या रखते थे—इनके ऊँचे पद और सम्मान के कारण भी और सुजान की प्रीति के कारण भी! इसी जलन के कारण घनानंद को राजदरबार से निकाला गया था। किंवदंती है कि एक षड्यंत्र के अंतर्गत कुछ दरबारियों ने बादशाह को बताया कि घनानंद बहुत अच्छा गाते हैं। दरबारियों को मालूम था कि बादशाह के कहने पर भी घनानंद दरबार में गाने को तैयार न होंगे। हुआ भी वही। बादशाह के कहने पर भी घनानंद गाने को तैयार नहीं हुए। दरबारियों ने बादशाह को बताया कि यदि सुजान कह दे तो घनानंद इंकार नहीं करेंगे। अतः सुजान को बुलाया गया और सचमुच सुजान के कहने पर उन्होंने पूरी तन्मयता और कलात्मकता से गाया। मस्ती में घनानंद से एक गुस्ताखी और हो गई। दरबारी-शिष्टाचार के विरुद्ध उनका मुँह बादशाह की ओर से फिरकर सुजान की तरफ हो गया। जब उनका गाना समाप्त हुआ उस समय घनानंद का मुँह सुजान की तरफ और पीठ बादशाह की ओर थी। बादशाह की बात न मानने और

भरे दरबार में उसका अपनान करने के जुर्म में घनानंद को राजदरबार से निकाल बाहर किया गया। दरबार छोड़ते समय उन्होंने सुजान से साथ चलने को कहा लेकिन उसने इंकार कर दिया। प्रेम के मारे घनानंद काफी समय तक इधर-उधर भटकते रहे।

सुजान के इंकार से उन्हें जो ठेस लगी थी, संगीत ने उन्हें जो भाव-भूमि और संस्कार दिए थे वे सब मिलकर प्रेमकाव्य के रूप में फूट पड़े। घनानंद का कहना है कि मैंने कवित्त नहीं बनाए, मेरे कवित्तों ने स्वयं मुझे ही बनाया है—"लोग हैं लागि कबित्त बनावत मोहिं तौ मेरे कबित्त बनावत।" जो हो, कवित्तों ने घनानंद को और घनानंद ने कवित्तों को ऐसा बनाया है कि जिसने भी उन्हें समझा उसने मुग्धभाव और मुक्तकंठ से उनकी प्रशंसा की। घनानंद के मित्र ब्रजनाथ से लेकर आज तक उन्हें महान् प्रेमी, ब्रजभाषा प्रवीण, सुंदरता के रहस्य का जानकार, योग-वियोग की रति का ज्ञाता, भावनाभेद तथा भावना के स्वरूप को समझने और स्थापित करनेवाला माना गया है। सचमुच घनानंद का हृदय चाह (उत्कट प्रेम) के रंग में इस तरह भीगा हुआ था कि प्रिय के मिलन में भी उन्हें शांति नहीं मिली और वियोग में भी शांति नहीं मिली। वे भाषा-प्रवीण होने के साथ ही सुछंद भी थे—दोनों अर्थों में, सुंदर छंद बनानेवाले के अर्थ में भी और स्वच्छंद प्रकृतिवाले के अर्थ में भी। लौकिक और शायद एकपक्षीय, प्रेम के जनून में बादशाह का अपमान कर बैठनेवाले घनानंद ने, अंत में, लौकिक प्रेम से विरक्त होकर निम्बार्क संप्रदाय में दीक्षा ले ली और वृंदावन में रहकर श्रीकृष्ण की (जिन्हें वे 'सुजान' कहते हैं) सखी भाव से उपासना करने लगे। 1760 ई. में जब अब्दाली दुर्रानी ने मथुरा में दूसरा क़त्लेआम किया उसी समय घनानंद मारे गए थे।

प्रेम की पीर के दीवाने घनानंद ने बहुत-सारी काव्य-रचना की है। प्रामाणिक मानी जानेवाली ऐसी इकतालीस छोटी-बड़ी रचनाओं को आचार्य विश्वनाथ प्रसाद मिश्र ने 'घनानंद ग्रंथावली' में समाविष्ट किया है। प्रेम की पीर से उपजनेवाली अपनी कविता में भाव-वैविध्य के साथ ही शैली-वैविध्य का भी घनानंद ने सुंदर विधान किया है। यद्यपि घनानंद ने संयोग और वियोग दोनों पक्षों को लिया है, पर वियोग की अंतर्दशाओं की ओर ही इनकी दृष्टि अधिक रही है। इनका विरह वर्णन भी अंतर्वृत्तियों को लेकर ही अधिक चला है। यहाँ बाहरी उछल-कूद है ही नहीं; जो भी हलचल है वह भीतरी है। इस भीतरी हलचल को अभिव्यक्ति देने के लिए

घनानंद ने जिस भाषा का प्रयोग किया है वह भी अपने अतिविशिष्ट लाक्षणिक प्रयोगों के कारण पर्याप्त महीन अर्थों का संकेतक बनकर आई है। स्वभावतः विषयवस्तु और भाषा दोनों की अतिशय आंतरिकता के कारण घनानंद का काव्य बहुत दुरुह हो गया है। उसमें कबीर का खुलापन नहीं है, जायसी की स्पष्टता नहीं है, तुलसी की सरलता नहीं है और न बिहारी की स्पष्ट विदग्धता। घनानंद की कविता और भाषा दोनों में विशुद्धता है, सरसता है, शक्ति भी बहुत है पर वह आम समझ से ऊपर की वस्तु है। घनानंद का वक्तव्य और भाषा दोनों नारियल की तरह हैं—ऊपर से दुर्भेद्य किंतु भीतर से अतिकोमल और अति स्निग्ध। सच्चे प्रेम और सच्चे प्रेमकाव्य का प्रसंग तब तक पूरा नहीं होगा जब तक घनानंद और उनके कवित्त का उल्लेख न कर लिया जाए। ब्रजनाथ के शब्दों में घनानंद और उनके कवित्त की प्रशंसा के लिए आवश्यक है कि प्रशंसक भी घनानंद की तरह हो—

नेही महा, ब्रजभाषा प्रवीन औ सुंदरताहु के भेद को जानै।
योग वियोग की रीति में कोबिद, भावना भेद स्वरूप को ठानै॥
चाह के रंग में भीज्यो हियो, बिछुरे मिले प्रीतम सांति न बानै।
प्राभाप्रवीन, सुछंद सदा रहै सो धन जू के कबित्त बखानै॥

झलकै अति सुंदर आनन गौर, छके दृग राजत काननि छ्वै।
हँसि बोलन मैं छबि-फूलन की बरषा उर ऊपर जाति है ह्वै॥
लट लोल कपोल कलोल करै, कल कंठ बनी जलजाविल द्वै।
अंग-अंग तरंग उठै दुति की, परिहै मनौ रूप अबै धर च्वै॥ 1 ॥

रावरे रूप की रीति अनूप, नयो नयो लागत ज्यौं ज्यौं निहारियै।
त्यौं इन आँखिन बानि अनोखी, अघानि कहूँ नहिं आनि तिहारियै॥
एक ही जीव हुतौ सु तौ वार्‌यौ, सुजान, सकोच औ सोच सहारियै।
रोकी रहै न, दहै, घनआनंद बावरी रीझ के हाथनि हारियै॥ 2 ॥

भोर तें साँझ लौं कानन ओर निहारति बावरी नेकु न हारति।
साँझ तैं भोर लौं तारन ताकिबो तारनि सों इकतार न टारति॥
जौ कहूँ भावतो दीठि परै घनआनँद आँसुनि औसर गारति।
मोहन सोँहन जोहन की लगियै रहै आँखिन के उर आरति॥ 3 ॥

पहिलैं अपनाय सुजान सनेह सौं, क्यौं फिरि तेह के तोरियै जू।
निरधार अधार दै धार-मझार, दई! गहि बाँह न बोरियै जू॥
घनआनँद आपने चातिक कौं, गुन बाँधि लै हमोह न छोरियै जू।
रस प्यास कै ज्याय, बढ़ाय कै आस, बिसास मैं यौं बिस घोरियै जू॥ 4 ॥

पाती मधि छाती-छत लिखि न लिखाए जाहिं,
काती लै बिरह घाती कीने जैसे हाल हैं।
आँगुरी बहकि तहीं पाँगुरी किलकि होति,
ताती राती दसनि के जाल ज्वाल-माल हैं॥

जान प्यारै जौ'ब कहूँ दीजियै सँदेसो तौ'ब
आवासम कीजियै जु कान तिहि काल हैं।
नेह-भीजी बातैं रसना पै उर-आँच लागैं
जागैं घनआनँद ज्यौं पुंजनि-मसालहैं ॥ 5 ॥

लगियै रहै लालसा देखन की किहि भाँति भटू निस-द्यौस कटै।
करि भीर भरी यह पीर महा बिरहा तिनकौ हियतैं न हटै ॥
घनआनँद जान-सँयोग समै, बिसमै बुधि एकहि बेर बटै।
सपनो सो टरै, फिरि सौ गुनो चेटक बाढ़त डाढ़त घोटि घटै ॥ 6 ॥

कंत रमैं उर अंतर मैं सु लहै नहीं क्यौं सुख-रासि निरंतर।
दंत रहैं गह आँगुरी, ते जु बियोग के तेह तचे परतंतर ॥
जो दुख देखति हौं घनआनँद रैन-दिन बिन जान सुतंतर।
जानैं वेई दिन राति, बखान तैं जाय परै दिन-राति को अंतर ॥ 7 ।

तेरे देखिबे कों सब ही त्यों अनदेखी करी,
तू हू जौ न देखै तौ दिखाऊँ काहि गति रे।
सुनि निरमोही एक तोही सों लगाव मोही,
सोही कहि कैसें ऐसी निठुराई अति रे।
विष सी कथानि मानि सुधापान करौं जान,
जीवन-निधान है विसासी मारि मति रे।
जाहि जो भजै सो ताहि तजै घनआनँद क्यों,
हति कै हितूनि, कहौ काहू पाई पति रे ॥8 ॥

इत बाँट परी सुधि, रावरे भूलनि कैसें उराहनों दीजियै जू।
अब तौ सब सीस चढाय लई जु कछू मन भाई सु कीजियै जू ॥

घनआनंद जीवन-प्रान सुजान, तिहारियै बातन जीजियै जू।
नित नीके रहौ तुम्हैं चाड़ कहा पै असीस हमारियौ लीजियै जू ॥ 9 ॥

ऐरे बीर पौन, तेरो सबै ओर गौन, बीरी
तो सो और कौन, मनैं ढरकौहीं बानि दै।
जगत के प्रान, ओछे बड़े सों समान
घनआनँद-निधान, सुखदान दुखियानि दै।
जान उजियारे गुन-भारे अत मोही प्यारे
अब है अमोही बैठे, पीठि पहिचानि दै।
बिरह-विथाहि मूरि, आँखिन मैं राखौं पूरि,
धूरि तिन पायन की हाहा! नेकु आनि दै ॥ 10 ॥

परकाजहिं देह को धारि फिरौ परजन्य जथारथ ह्वै दरसौ।
निधि-नीर सुधा के समान करौ सबही विधि सज्जनता सरसौ ॥
घनआनँद जीवन-दायक हौ कछु मेरियौ पीर हियें परसौ।
कबहूँ वा बिसासी सुजान के आँगन मो अँसुवानहिं लै बरसौ ॥ 11 ॥

अति सूधो सनेह को मारग है जहाँ नेकु सयानप बाँक नहीं।
तहाँ साँचे चलैं तजि आपनपौ झझकैं कपटी जे निसाँक नहीं ॥
घनआनँद प्यारे सुजान सुनौ यहाँ एक तें दूसरो आँक नहीं।
तुम कौन धौं पाटी पढ़े हौ कहौ मन लेहु पै देहु छटाँक नहीं ॥ 12 ॥

कारी कूर कोकिला, कहाँ कौ बैर काढ़ति री,
कूकि कूकि अबही करेजो किन कोरि लै।
पैंड़ परे पापी यो कलापी निसद्यौस ज्यौं ही,
चातक, घातक त्यौं ही तू हू कान फोरि लै ॥

आनँद के घन प्रान-जीवन सुजान बिना,
जानि कै अकेली सब घेरौ दल जोरि लै।
जौं लौं करैं आवन बिनोद-बरसावन वे,
तौ लौं रै डरारे बजमारे घन घोरि लै॥ 13 ॥

कान्ह परे बहुतायत मैं अकलैन की बेदन जानौ कहा तुम।
हौ मनमोहन मोहे कहूँ न बिथा बिमनैन की मानौ कहा तुम।
बौरे वियोगिन आप सुजान ह्वै हाय कछू उर आनौ कहा तुम।
आरतिबंत पपीहन कौं घनआनँद जू पहिचानौ कहा तुम॥ 14 ॥

टिप्पणियाँ

कबीरदास

साखीः दोहा छंद में उपलब्ध कबीर (तथा अन्य निर्गुणोपासक कवियों) की रचनाओं को साखी कहा जाता है। साखियों को ज्ञान की आँख कहा गया है—"साखी आँख ज्ञान की।"

1. अनंत—जिसका कोई अन्त नहीं है; उपगार—उपकार, कृपा; लोचन अनंत—देखने की असीम शक्ति।

2. ग्यान प्रकासी—ज्ञान का प्रकाश करनेवाला, ज्ञान देनेवाला; बीसरि—विस्मृत होना, भूल जाना; इस साखी में कहा गया है कि गुरु भी भगवत्कृपा से ही मिलता है।

3. सीख—शिक्षा; स्वाँग—वेश, ऊपरी साज-सज्जा; जती—यती, साधक, साधु।

4. भगवान चालाकी (बाहरी दिखावा) से नहीं मन के सच्चे भाव से रीझता (प्रसन्न होता) है।

5. हाँसी खेलाँ—हँसी-खेल में, आसानी से; दुहागिनि—दुर्भाग्यवाली (सुहागिन का उल्टा)।

6. तूँ–तुम्हारे जैसा, ब्रह्मस्वरूप; हूँ—अहंकार; वारी—निछावर हुई, बलि गई।

7. माया—सांसारिक आसक्तियाँ; रमै—लगता है, आसक्त होता है; तारामंडल बेधिकै—तारामंडल को पार करके; अमरापुर—स्वर्गपुरी (कहते हैं कि स्वर्गपुरी तारामंडल के उस पार है)।

8. संतई—संतवृत्ति, संतपन; कोटिक—करोड़ों; असंत—दुष्ट; मलय—चंदन; भुअंगम—भुजंग, साँप; बेढ़िऔ—चेष्टित रहने पर; लिपटे रहने पर; तऊ—तस पर भी, फिर भी।

9. समझादार की मौत है। बिहाइ—समाप्त हो जाती है; अबूझी बूझिया—न समझ में आनेवाली बात को समझ गया; बलाइ—बला, विपत्ति।

11. घटि—घट में, शरीर में; अंतःकरण में; साइयाँ—स्वामी; सेज—शय्या, यहाँ हृदय।

12. राम सरीखे जन—राम जैसे (राम के गुणोंवाले) लोग अर्थात् संत पुरुष, सज्जन। सारे—सिद्ध कर दिए, पूरे कर दिए, सरल बना दिए।

13. लागि—लगकर, मिलकर; आगि—जलन, चिंता की आग।

14. जेंवरी—रस्सी। यह साखी कबीर की विनम्रता एवं एकनिष्ठ स्वामिभक्ति का उदाहरण है।

15. कुंडली—कुंडली में, नाभि में; म्रिग—मृग, हिरन; घटि घटि—हर शरीर में, सब में।

16. कबीर—महान्; भया कबीर कबीर—1. कबीर विख्यात हो गया 2.कबीर बड़ा हो गया।

17. हेरत हेरत—खोजते-खोजते (ब्रह्म राम को); हिराइ—खो गया—समुद्र में पड़ी बूँद की तरह। हेरी जाइ—खोजी जा सके।

18. नहीं स्वाति बन आस—मोती पैदा करनेवाली सीपी स्वाति नक्षत्र में बरसनेवाले जल की बूँदों के अतिरिक्त किसी की आशा नहीं करती।

19. ऐकै—एक राम को; जानिया—जान लिया; जाण—ज्ञान; सबही जाण अजाण—1. सारा जानना न जानने के बराबर है, 2. सारा ज्ञान अज्ञान के बराबर है।

21. पमादहीं—डींग मारते हैं, प्रमाद या बकबक करते हैं; बहकिन बोलै सूर—बहादुर आदमी बढ़कर नहीं बोलता; नूर—वीरता की चमक, कांति।

22. दुहेली—दुस्साध्य, कठिनाई से मिलनेवाली; लेसी—ले सकता है।

23. खाला—मौसी।

24. बारी—वाटिका, बगीचा; न हाटि बिकाइ—बाजार में नहीं बिकता। प्रेम में राजा-प्रजा, अमीर-गरीब, छोटे-बड़े का भेद भी नहीं होता।

25. लाकरी—(सूखी) लकड़ी; केस—बाल।

26. एकै साधें—एक (राम, ब्रह्म) को सिद्ध या अपने अनुकूल कर लेने पर।

27. हतै··तरवारि—जीभ में तलवार बाँधकर (चीर देनेवाली असह्य बातें कर) दूसरों की हत्या करनेवाला संत (सज्जन) नहीं हो सकता।

28. बरोबरि—बराबर, जैसा।

29. सैंबल फूल—सेमर (शाल्मली) का फूल जो ऊपर से देखने से चटख लाल और रस से भरा हुआ लगता है किंतु उसके भीतर सूखी हुई नीरस रुई भरी रहती है।

30. बुदबुदा—बुलबुला (एक क्षण भी न टिकनेवाला), ज्यों तारा परभाति—जैसे प्रातःकाल का तारा जो उजाला होते ही लुप्त हो जाता है।

31. परतीति—प्रतीति, विश्वास।

रमैनी: रमैनियाँ चौपाई-दोहा छंद के मेल से या केवल चौपाई छंद में लिखी गई हैं—कबीर पंथ के सबसे प्रामाणिक ग्रंथ 'बीजक' में 84 रमैनियाँ मिलती हैं। चौपाई-दोहा-छंद का व्यवहार गोस्वामी तुलसीदास ने 'रामचरितमानस' (जिसका प्रचलित नाम 'रामायण' है) में किया है, शायद इसी कारण इस छंद-पद्धति को 'रमैनी' कहा गया है। वैसे 'रामचरितमानस' से पहले और काफी व्यापक रूप में चौपाई-दोहा वाली छंद-पद्धति का व्यवहार हिंदी के प्रेमाख्यानों (देखिए 'पद्मावत' आदि) में किया गया है। 'रामायण' (रामचरित मानस) कबीर एवं जायसी आदि के बाद की रचना है अतः लगता है प्रचलन को ध्यान में रखकर बहुत बाद में कबीर की चौपाई-दोहा वाली रचनाओं को किसी पंथवाले विद्वान् ने 'रमैनी' नाम दे दिया होगा।

1. सनाथा—जिसका कोई रक्षक हो, कृतकृत्य; जसरथ—राम के पिता राजा दशरथ; लंका का रान—रावण; देवै ⋯ आवा—देवकी के पेट से जन्म नहीं लिया; जसवै—यशोदा, बावन—वामन अवतार; बलि—राक्षसराज और दानी बलि; धरनी बेद ⋯ उधरिया—वाराह अवतार लेकर पृथ्वी और वेद का उद्धार नहीं किया: उले—ऊपरी, दिखावटी।

2. अलख—जो दिखाई न दे; निरंजन—दोषरहित, कालिमा (अंजन) रहित; अलखनिरंजन—निर्गुण ब्रह्म का एक नाम; निरभै—भयरहित; जन्म न लेनेवाला; सुँनि—शून्यै; असथूल—अस्थूल, अशरीरी; दिष्टि अदिष्टि—आँखों से न दिखाई देनेवाला; आदि ⋯ मधे—न उसका आदि है, न अंत है और न मध्य है; अकथे—अकथ्य, न कहा जा सकनेवाला; जुगति—युक्ति, उपाय।

3. आपु—स्वयं; अपनपौ—अपनेपन का, आत्मस्वरूप का; भेद—रहस्य;

आपु··भेदा—पंडित (विद्वान्) भी स्वयं अपने असली स्वरूप का रहस्य नहीं जानते; संझा—संध्या; तरपन—तर्पण, पितरों को तृप्त करने के लिए तिल और अक्षत (चावल) मिलाकर जल देना; खटकरमाँ—षट्कर्म—ब्राह्मणों के छः कर्त्तव्य (अध्ययन, अध्यापन, यज्ञ करना, यज्ञ कराना, दान लेना, दान देना); लागि रहे—आसरमाँ—संध्या, तर्पण और षट्कर्मों में आश्रमों (ब्रह्मचर्य, गृहस्थ, वाणप्रस्थ एवं संन्यास) के अनुसार लगे रहना; जुगचारि—चारों युगों (सतयुग, त्रेता, द्वापर, कलियुग) में; मुकुति—मोक्ष; और के··सींचा—किसी दूसरे से स्पर्श हो जाने पर स्नान (सींचा) करते हैं; निरबाँन—निर्वाण, मोक्ष, परमपद; विदेही थान—मुक्ति लोक।

सबद : विविध राग-रागनियों के अनुसार लिखे गए निर्गुणोपासक भक्तों के पदों को 'सबद' या 'शब्द' कहा जाता है। सगुण भक्तों की इस तरह की रचनाओं को 'पद' कहा जाता है।

1. सुमिरनी—इष्ट का या मंत्र का जप करने के लिए प्रयोग की जानेवाली सत्ताइस मनकों की छोटी माला; कतरनी—कैंची; आनदेव—ब्रह्म राम से भिन्न अन्य देवता; अमीता—अमित्र, विपरीत, विरुद्ध; रीता—खाली हाथ; बाँवरिया—बावली शिकारी; फंदरोपै—जाल फैलाता है; निचीता—निश्चित।

2. झूठे—नाशधर्मी, जो आज है लेकिन कल नहीं रहेगा; पिंज—शरीर, देह; गएँ—चले जाने पर; प्राण गएँ—मर जाने पर; सिरि—शिर पर; पाग—पगड़ी; चंचु··कागा—कौए चोंच मारकर खाएँगे; हाड़—हड्डियाँ; झूरी—सूखी; त्रिन कै कूरी—सूखी घास की ढेरी; अजहुँ—अब भी।

3. टेढ़े टेढ़े टेढ़े—अकड़ते हुए, नऊँ दुआरे—शरीर के नौ छिद्र जो प्राण के निकलने के नौ मार्ग हैं—दो नेत्र, नाक के दो छिद, मुख, दो कान और दो गुप्त इंद्रियाँ; बेढ़े—लिपटे हुए; भक्खिन—भक्ष्य, खाने की वस्तु; तिसना—तृष्णा, भोग की तीव्र इच्छा; कवन—कौन से; धूरी—धूल, मिट्टी में मिल जाना, खाक हो जाना; बालू—रेत; अयाँनाँ—मूर्ख, अज्ञानी; सियाँनाँ—चतुर, सयाने, समझदार।

4. तिरगुन—तीन (सत्व, रज, तम) गुण; फाँसि—फंदा; केसव—विष्णु; कँवला—कमला, लक्ष्मी; भवाँनीं—पार्वती; कौड़ी काँनीं—फूटी कौड़ी; बंदा—सेवक, दास।

5. पंडित··· झूठा—पंडित जो कहता है (बादबदै) कि राम का नाम लेने से मोक्ष मिल जाता है उसका यह वाद (मत) गलत है। यदि जबान से कहने से ही ऐसा हो जाता तब तो खाँड़ कहने से मुँह मीठा हो जाना चाहिए, आग कहने से पैर जल जाना चाहिए, पानी कहने से प्यास बुझ जानी चाहिए; सुरति—स्मृति, याद (राम नाम की); बिरवै—विषय, इंद्रियों को आनंद देनेवाले भौतिक पदार्थ; जमपुर जासी—यम पुरी (नरक) में जाओगे।

6. चीन्हसि—पहचानते हो; आतमरांम—आत्माराम, अपने हृदय में स्थित ब्रह्म; मिरग—मृग (नंगा रहनेवाला) जंगली जानवर मुकति गया—मुक्त हुआ: मूँड मुड़ाएँ—सिर के बाल मुंडित करने से; सरगहिं—स्वर्ग में; बिंदुराखि—ब्रह्मचर्य द्वारा वीर्य की रक्षा करने से; खुसरैं—(जिसका वीर्य कभी नष्ट नहीं होता उस) नपुंसक ने; परमगति—मोक्ष।

7. न्यारे—अलग, विमुख; चुरुआभर पाँनी—चुल्लू भर पानी; तिहि निंदहिं··· आँनीं—उस भगीरथ तक की निंदा करते हैं जो लोगों के हित के लिए अपार जलवाली गंगा को धरती पर ले आया; खोवहिं—नष्ट करते हैं; मंदिर—घर; काँने—एक आँखवाले।

8. तन धरि—शरीर धारण करके; उदय अस्त—प्रारम्भ से लेकर अंत तक; किया बिबेका—पूरी समझ से अच्छी तरह विचार किया है; घाट बाटै—जहाँ-तहाँ, गाट पर राह में सर्वत्र; गिरही—गृहस्थ, बाल-बच्चेवाला; बैरागी—विरक्त; सुकदेव··· त्यागी हो—शुकदेव मुनि माया के डर से बारह वर्ष तक माँ के गर्भ में पड़े रहे। पिता महर्षि व्यास द्वारा समझाने पर गर्भ से बाहर आए भी तो तुरंत दुनिया के माया-मोह को छोड़कर जंगल में भाग गए; जंगम—लिंगायत संप्रदाय के गुरुओं को जंगम कहा जाता है; महेसुर—महेश्वर, शिव; जिन··· राह चलाई—जिन्होंने यह रास्ता निकाला अर्थात् सृष्टि का क्रम चलाया; अवधू—नाथपंथी सिद्ध योगी को अवधूत कहते हैं।

मलिक मुहम्मद जायसी

बनिजारा खंड : जायसी की सबसे अधिक प्रसिद्ध और श्रेष्ठ रचना 'पद्मावत' का सातवाँ सर्ग बनिजारा खंड है जिसमें सिंहलगढ़ से चित्तौड़गढ़ लाए गए हीरामन

तोते की कथा है। हीरामन तोता 'पद्मावत' की प्रेमकथा का बहुत ही महत्त्वपूर्ण पात्र है। वह वेद-शास्त्र, स्मृति-पुराण आदि का ज्ञाता है। राजा रत्नसेन को वह प्राणों से अधिक प्रिय है। हीरामन से पद्मावती के रूप-गुण की प्रशंसा सुनकर ही रत्नसेन राजपाट छोड़कर वैरागी वेश में सिंहलगढ़ जाता है और वहाँ से पद्मावती को ब्याह कर लाता है। हीरामन को राजा का गुरु कहा गया है—"गुरु सुआ जेहि पंथ दिखावा। बिन गुरु जगत को निरगुन पावा।" इस खंड में गरीब आदमी को व्यापार में होने वाली निराशा, मांसाहार के लोभ में पक्षियों का वध, विद्वान् के गुण आदि का बहुत मनोहारी चित्रण किया गया है।

1. क—का; बनिजारा—व्यापारी; नष्ट—हीन, दरिद्र; रिनि—ऋण, कर्ज; मकु—शायद; बाढ़ी—वृद्धि, बढ़ोतरी; ओहि—उस; ओरा—अंत, आर-पार; सुटि ऊँच—बहुत ऊँचा, बहुत महँगा; मुख हेरा—लोगों का मुँह देखता रह जाता था; आनाई—झुकना, सौदा पटना; बेसाहना—सौदा; बहोर—वापसी; गाँठि-साँठि सुठि थोर—उसकी गाँठ में पूँजी अत्यधिक कम थी।

2. झुरवै—सोचने लगा, चिंता करने लगा; मूर—मूलधन, पूँजी; गँवाई—खोकर; तेहिबाटाँ—उसी रास्ते पर जिससे यहाँ आया था; मरन सिखावन—मरने का पाठ; मीचु हुति लिखी—मेरी मौत (भाग्य में) लिखी थी; कुबानी—बुरा व्यापार; का मैं··भूँजी—क्या मैंने पिछले जन्म में (भाड़ में) भुनवाकर (बीज) बोए थे? बेवहरिया—कर्ज देनेवाला महाजन; बेवहारू—कर्ज; छेंकिहि बारू—दरवाजा छेंकेगा, घर में (कर्ज चुकाये बिना) घुसने नहीं देगा; छूँछे—खाली हाथ; तिन्ह—उन (घरवालों) को; साथ चला सत—साथ आया हुआ व्यापारियों का झुंड; सत—सार्थ—व्यापारियों का काफ़िला; बिधि—ब्रह्मा, विधाता, भगवान।

3. बिआध—व्याध, चिड़ीमार; पतिंग भँडारे—पक्षियों के समूह में से; चंलन—रीति; चलन··मारे—उस बाजार का चलन देखकर मन मारे हुए था; निरगुन—गुणहीन; छूँछा—खाली, निरा मूर्ख; परबते—पहाड़ी तोते को परबता कहा जाता है; पाहाँ—पास; हम त्रुम··दोऊ—हम दोनों जाति के ब्राह्मण हैं (ब्राह्मण और पक्षी दोनों को द्विज कहा जाता है); हहु—हो; पढ़े—पढ़ै—विद्वान् के सामने जो विद्या की बात करता है।

4. तब··परेवा—हे ब्राह्मण देवता, जब तक मैं पिंजरे से बाहर था तब तक मुझमें गुण था; जो बँदि जजमाना—जब स्वामी के हाथ बंदी हूँ; घालि—डालकर;

मंजूषा—पिंजरा, पिटारी; बेंचै आना—दूसरे के हाथ बेच रहा है; पंडित··चढ़ा—विद्वान बाजार में नहीं बिकता; दहुँ—न जाने; बाटाँ—मार्ग पर; रोवत रकत—रक्त (खून) के आँसू रोते हुए; राता—लाल; पियर—पीला (पहाड़ी तोते की चोंच लाल और शरीर पीला होता है); राते··गीवाँ—मेरे गले में लाल और काले रंग के दो कंठे (निशान) फाँद—बंधन, फाँस की तरह है; गिवँ—गले के; चीन्हा—पहचान लिया; दहुँ··कीन्हा—न जाने ये फंदे क्या (बुरा) करना चाहते हैं ?

5. बिनवा चिरिहारू—चिड़ीमार से विनती की, करु··न मारु—पक्षियों पर दया करो, इन्हें मारो मत; कत—क्यों; निठुर—कठोर; परांवा—(1) दूसरे का, (2) पक्षी का; पंखि खाधुक—चिड़ियाँ खानेवाले; पर मँसु खवा—दूसरे का मांस खानेवाले; आवहिं—आते (जन्म लेते) समय; जाहिं—दुनिया से जाते (मरते) समय; कै रोवना—रोदन करके, रोकर; पोखहिं—पुष्ट करते हैं; बिआधू—व्याध; निति—नित्य, रोज; धरई—पकड़ता है; बेसाहा—खरीद लिया; मति—समझ।

6. सरसाजा—चिता सजा ली, मर गए; बनिज—व्यापार का सामान; डहन—डैन, पंख; लिखे··पाठा—तोते के पंख पर वेद-शास्त्र के वचन लिखे हुए हैं; ठोर—चोंच; अमिय रस बाता—उसकी बातों में अमृत का रस भरा है; कवि··सहदेऊ—वह व्यास जैसा कवि और सहदेव जैसा पंडित है; बोल··बोलै—वह अर्थ से भरी बातें कहता है।

7. भई रजायसु—राजा की आज्ञा हुई; जन—सेवक; दौराए—भेजे गए; बिप्र··औधारा—ब्राह्मण ने आशीर्वाद दिया और विनती की; सुआ जीऊ—तोता मेरा प्राण है; निनारा—अलग; बिसवासी—विश्वासघाती; नाये—झुका दिए; तपा—तपस्वी; दारा··नाहीं—जहाँ जिसके पास स्त्री और शैया नहीं है; पै एक पेट··निरगुना—(स्त्री और सेज न हो, आँख से दिखाई न दे, मुँह से बोला न जाए, कान से सुनाई न दे फिर भी जिंदा रहा जा सकता है लेकिन) खाली पेट (भूखा) नहीं रहा जा सकता; सो··मँगावै—वही पेट मुझसे भीख मँगवाता है।

8. सुअैं—तोते ने; जहाँ भाग··जोहारा—जहाँ भाग्य होता है वहाँ रूप स्वयं प्रणाम करता है; निरास—जिसे कुछ लेना न हो; माटी कै मोला—मिट्टी के मोल; निरर्थक; भेऊ—भेद, रहस्य; पढ़ि गुनि··सहदेऊ—पढ़कर, मन में विचार कर लेने पर वेद के मत का रहस्य जान लेने पर जो पूछी हूई बात का उत्तर देता है वही सहदेव जैसा (विद्वान) होता है; जौं सो बिकाइ··चाहा—यदि वह बिकने आता है तो वह

अपने गुणों के विषय में कहना चाहता है; मरम—असलियत; चतुरवेद हौं पंडित—चारों वेदों को अच्छा जानकर हूँ; मेखौं—मिलाऊँगा।

9. पयान—प्रयाण, वापस जाना; जनहुँ मारि··मेला—मानों अपनी बातों से पहले मारकर फिर मरनेवाले के मुँह में अमृत उँडेल देता था; सुरुज चाँद··कहा—सूर्य (रत्नसेन) से चाँद (पद्मावती) की कहानी कहकर; गहन—ग्रहण; लाइ—लगाकर; धुनै सिर—सिर पीट लेता था; राजा प्रीति··अगाहु—राजा को प्रेम की अग्रिम अनुभूति होने लगी; अगाहु—अग्रिम, पहले ही; बाउर—बावला, पागल।

उपसंहार खंड : यह 'पद्मावत' का अट्ठावनवाँ और अंतिम सर्ग है जिसमें जायसी ने 'पद्मावत' की रचना का प्रयोजन और अपनी वृद्धावस्था का अत्यंत मनोहारी चित्रण किया है।

1. कवि—कविता, काव्य; पेम पीर—प्रेम की पीड़ा का अनुभव; गा पावा—पाया; जोरी लाइ··लेई—इस प्रेमकथा को अपने खून की लेई (गोंद) लगाकर जोड़ा (बनाया) है; गाढ़ी प्रीति··भेई—सच्चे गहरे प्रेम को आँसुओं से तर किया है; भेई—भिगोया, तर किया; मकु··चीन्हा—(अपने मर जाने पर) शायद दुनिया में अपनी यही निशानी (चीन्हा) बच जाए; राघौ—राघव चेतन जिसने पद्मावती के अपार सौंदर्य की चर्चा सुलतान अलाउद्दीन से की थी और पद्मावती को पाने के लिए अलाउद्दीन ने चित्तौड़गढ़ पर चढ़ाई कर दी थी; जस कीरति—यश और कीर्ति; जासू—जिसकी; बासू—सुवास, सुगंध; केइँ न जगत··मोल—न तो किसी ने दुनिया में यश बेचा है न किसी ने खरीदा है। यश बेचने-खरीदने की वस्तु नहीं, वह अपने कर्मों से मिलता है; हम सँवरै दुइ बोल—दो शब्दों में हमें भी याद कर ले।

2. मुहमद··भई—मुहम्मद (मलिक मुहम्मद जायसी) की अब वृद्धावस्था हो गई है; जोबन हुत··गई—जवानी में जो हालत थी वह चली गई; खीन—क्षीण, दुर्बल; दिस्टि··नीरू—देखने की शक्ति चली गई, आँखों से निरंतर पानी ढलने लगा; दसन—दाँत; दसन गए··कपोला—दाँत गिर गए गाल (कपोल) पिचक गए; दै अनरुचि बोला—अरुचिकर बोली दे गए—बिना दाँतवाले पोपले मुँह की बोली अच्छी नहीं लगती; हिरदै बौराई—हृदय को पागल बनाकर; तरहुँड़—नीचे को झुका हुआ (नाई); गारो—गर्व; सीस सा धुना—सिर के बाल, धुनी हुई रुई की तरह सफेद हो गए; भँवर गए··भुआ—केशों की भौंरों जैसी कालिमा चली गई, वे भुए (रुई) की

तरह सफेद हो गए; जीवन—जिंदगी; जोबन—जवानी; मीचु—मृत्यु, मौत। आढ़े—आदरणीय; बिरिध जो···असीर—बुढ़ाई में सिर हिलने लगता है। जायसी कहते हैं कि "बूढ़ा आदमी जो सिर हिलाता है वह मानो इस गुस्से (रीस) में सिर धुनता है कि किसने यह आशीर्वाद दिया कि 'तुम बूढ़े होकर आदर पाओ'।" रीस—गुस्सा; केइँ—किसने; असीस—आशीर्वाद।

सूरदास

विनय के पद : महाप्रभु बल्लभाचार्य से मिलने के पहले यमुना के घाट पर रहते हुए सूरदास जी अपनी हीनता और प्रभु की महत्ता संबंधी विनय के पद बनाते और गाते थे। इन पदों में ऊँची कोटि की दास्यभक्ति की निश्छल और मनोहारी अभिव्यक्ति मिलती है।

1. विनय के इस पद में सूरदास जी ने निर्गुण ब्रह्म को मन और वाणी से आगम बताते हुए कहा है कि रूप, रेख, गुण, जाति से अतीत निर्गुण ब्रह्म पर मन टिक नहीं पता इसीलिए मैं सगुणब्रह्म की सशरीरी लीला संबंधी पदों की रचना और उनका गान करता हूँ।

अबिगत—(1) जो कभी नहीं बीतता, निरंतर बना रहता है; (2) जिसे जाना नहीं जा सकता ऐसा निर्गुण ब्रह्म; कहत न आवै—कहते नहीं बनती; अंतरगत—भीतर ही भीतर; भावै—अच्छा लगता है; ज्यों गूँगे···भावै—जैसे गूँगे को मीठे फल का रस भीतर-ही-भीतर अच्छा लगता है (लेकिन वह उसे कहकर बता नहीं पाता) सबही—सभी को; निरंतर—हर समय; अमित—असीम; तोष—संतोष; जुगति—युक्ति, कहने का उपाय; निरालंब—बिना आधार के निराधार; कित धावै—किधर दौड़े, किधर जाए।

2. को-को—किस-किस को; न उबार्‌यो—उद्धार नहीं किया; भीर—संकट, विपत्ति; प्रसाद—कृपा; अंबरीष—अयोध्या के सूर्यवंशी राजा जो महान् विष्णुभक्त थे; प्रकट—खुलेआम; संभ—खंभा—प्रह्लाद की रक्षा के लिए विष्णु खंभे को फाड़कर नृसिंह रूप में प्रकट हुए थे और प्रह्लाद के पिता हिरण्यकशिपु का वध किया था; नरहरि—नरसिंह; रंगभूमि—लड़ाई के मैदान में।

3. द्रवै—प्रसन्न हो जाएँ; कुलीन—ऊँचे कुल में पैदा होनेवाला; हरि

हँसि··धरै—भगवान राम ने प्रसन्न होकर उसके शिर पर छत्र रखकर उसे सोने की लंका का राजा बना दिया; गरै—गल गया, नष्ट हो गया; रंकव—दरित्र; अजामील—पुराण-वर्णित एक पापी जो मरते समय अपने बेटे 'नारायण' का नाम लेने से मोक्ष (सद्गति) पा गया था; जम तहँ··डरै—वहाँ (अजामिल के पास) जाने से मृत्यु का देवता यमराज भी डरता है; नारद··फिरै—नारद को अप्रतिहत गति प्राप्त है अतः वे हर समय घूमते रहते हैं, आराम से बैठ नहीं पाते; काम छरै—काम ने छल लिया; हरि पति··बरै—श्रीकृष्ण को पति रूप में चुना (पाया); जनम—जिंदगी भर; भरै—सहन किया; किहिं रस··ढरै—वह रसिक (कृष्ण) किस रन (भाव) पर अनुकूल होकर द्रवित होता है (कोई नहीं जानता); जठर जरै—(जन्म लेने के लिए) माँ के पेट (जठर) में कष्ट पाता है (जरै)।

4. अबिगत गति जानी न परै—उस अज्ञेय की गति समझ में नहीं आती; बुधि सँचरै—बुद्धि किस तरह वहाँ पहुँच सकती है; सँचरै—पहुँच सकती है, प्रवेश कर सकती है; पाएँ—पाकर भी; केहरि—शेर; अनायास—बिना मेहनत, बिना कोशिश; उद्यम—श्रम; उदर—पेट; रीतै—खाली कर दे; ढारै—ढरकाकर खाली कर दे; सिला—पत्थर; बागर—रेगिस्तान (जहाँ पानी का नाम भी नहीं होता), तै से; ढरै—कृपा कर दें, द्रवित हो जाएँ।

5. अनत—दूसरी जगह; फिरि—लौटकर; कमल नैन—विष्णु, कृष्ण; महातम—माहात्म्य, बड़ाई; आन देव—अन्य देवता; को ध्यावै—कौन ध्यान लगाए, कौन उपासना करे; दुरमति—मूर्ख; कूप—कुआँ; अबुज रस—कमल का (मीठा, स्वादिष्ट) रस; चाख्यो—चखा, स्वाद लिया; करील फल—एक कँटीली और बिना पत्तेवाली झाड़ी जिसका फल (टीट) बहुत कड़वा होता है; कामधेनु—बिना बच्चा दिए बारहों महीने लगातार मीठा दूध देनेवाली गाय; छेरी—बकरी (कम और कड़वा दूध देने वाली)।

बाल-लीला के पद : बाललीला के जितने अच्छे और अधिक पदों की रचना सूरदास ने की है उतने और अच्छे पदों की रचना हिंदी के या किसी अन्य भारतीय भाषा के किसी अन्य कवि ने नहीं की। बचपन का मोहक चित्रण, अपने समस्त छोटे-छोटे सुखों-दुःखों के साथ जिस व्यापक स्तर पर सूर ने किया वह दुर्लभ भी है और अद्वितीय भी। जन्म के बाद बच्चा कैसे बढ़ता-पलता है, कैसे हिलता-डुलता है, कैसे

सोता-जागता है, कैसे मचलता है, कैसे झूठ बोलता है, कैसे बहाने बनाता है, कैसे लड़ता-झगड़ता है, कैसे रूठता है और कैसे मानता है, इसके एक-से-एक मनोहर चित्र हमें सूरकृत बाललीला के पदों में मिलते हैं। लगता है सूर हमें हमारी चिरपरिचित अनुभूतियों से पुनः परिचित करा रहे हैं, उनमें नया संस्कार और नया रस भर रहे हैं। अन्य भक्त कवियों ने अपने बाललीला के पदों में भगवान् को बच्चा बनाकर चित्रित किया है जबकि सूर ने बच्चे को भगवान् बना दिया है।

1. हलरावै—श्रीकृष्ण को हाथ पर या गोद में लेकर या पालने पर सुलाकर हिलाती हैं; मल्हाबै—स्नेह से हाथ फेरकर चुमकारती हैं; काहे न··सुवावै—क्यों आकर नहीं सुलाती; करि करि सैन बतावै—यशोदा संकेत करके बताती हैं (कि श्रीकृष्ण सो गए हैं); इहि अंतर—इसी बीच।

2. अरबराइ—लड़खड़ाकर, हड़बड़ाकर; पानि गहावत—अपना हाथ माँ को पकड़ा देते हैं; लेति बलैया—उनकी बलाएँ अपने ऊपर लेने की चेष्टा करती हैं; बल—बलराम; टेरि बुलावति—पुकारकर बुलाती हैं; अति प्रताप··नंदरैया—नंदराय के यहाँ श्रीकृष्ण अत्यंत प्रताप से क्रीड़ा कर रहे हैं।

3. सौं—से; काहुकि—किसी की।

4. जैहौं लोटि—लेटकर मिट्टी लपेट लूँगा; सुरभी—गाय; पय पान न करिहौं—दूध नहीं पिऊँगा; आगैं आउ—खिसककर पास आ जाओ; न जनैहौं—पता नहीं चलने दूँगी; दैहौं—दूँगी; सौं—सौंह, कसम; बियाहन—शादी करने; कुटिल बराती—बारात का मनोविज्ञान ही ऐसा है कि बारात में जाने वाले सीधे-सादे लोग भी कुटिल (खोटे) हो जाते हैं।

5. प्रगटी—साफ हो गई, चर्चा का विषय बन गई, छिपी नहीं रही; भुजभरि··छुवावै—भुजाओं में भरकर हृदय से लगा लें; अभिलाष करतिँ—कामना करती हैं।

6. ख्याल परैं—मेरे पीछे पड़ गए हैं; सीकें—छींके पर (रस्सी, तार आदि की बनी झोली जैसी चीज जिसे छत से लटकाकर उस पर खाने-पीने की चीजें रखते हैं, छींका कहलाती है; भाजन—बर्तन; कैसें करि—किस तरह से; दोना—वृक्ष के पत्तों का बना कटोरे जैसा पात्र; पीठि दुरायौ—पीठ के पीछे छिपा लिया; साँटि—छड़ी; मोद—आनंद; बिरंचि—ब्रह्मा।

7. बारे—बच्चे, लाड़ले: अपनी भाँति—अपनी दशा (बचपन की);

तनक-तनक बग—बहुत छोटे-छोटे पैर; चारन—चराने; रेंगत—घिसटते हुए धीरे-धीरे चलने से; घामहिं माँझ—धूप में; सौं—सौंह, कसम; कछु नेक—एकदम भी नहीं, टेक—जिद।

8. सिगर—सारे; धिरावत—(भागती हुई या बिखरी हुई गायों को) घेरने के लिए विवश करते हैं; मेरे पाइँ पिराइँ—मेरे पैर दुखने लगते हैं; न पत्याहि—विश्वास नहीं करती: माई—माता; रिसाई—क्रोध करके; पठवति—भेजती हूँ; लरिका—छोटा बच्चा।

मुरली प्रसंग : मुरली श्रीकृष्ण को बेहद प्रिय थी। वे जब मुरली बजाने में तल्लीन हो जाते थे तो सबकुछ को, यहाँ तक कि परम प्रेमपरायण गोपियों को भी, भूल जाते थे। इससे गोपियों को बहुत ईर्ष्या (जलन) होती थी और वे उससे बहुत चिढ़ती थीं। गोपियों की इस ईर्ष्या को अनेक रूपों और भावों में चित्रित करने के लिए सूरदास ने सैकड़ो मनोहारी पदों की रचना का है।

1. तऊ—तिस पर भी, अनेक कष्ट देने पर भी; भावति—पसंद आती है, अच्छी लगती है; नचावति—परेशान करती है; राखति··ठाढ़े करि—एक पैर पर खड़ा रखती है; काट··आवति (मुरली बजाते समय श्रीकृष्ण की) कमर टेढ़ी हो जाती है; अति आधीन—अत्यधिक वशवर्ती; सुजान—समझदार; कनौड़े—अहसान से दबे हुए, खरीदे हुए दास की तरह; नवावति—झुकाकर रखती है; अति आधीन नवावति—सुजान श्रीकृष्ण को खरीदे हुए दास की तरह अत्यधिक वशीभूत करके यह औरत (बाँसुरी) उनकी गर्दन को झुकवाकर रखती है; भृकुटि कुटिल नैन—भौहों और आँखों को टेढ़ा कराके; नासापुट—नासिका पुटों को फुलाकर; हम पर कोप करावति—हम पर उनका क्रोध प्रकट कराती है (मुरली बजाते समय लंबी साँस खींचने और छोड़ने के कारण आँखें तथा भौंहें टेढ़ी हो जाती हैं और नथुन फूल जाते हैं। क्रोध में भी यही लक्षण प्रकट होते हैं। गोपियाँ समझती हैं कि मुरली के कारण श्याम उन पर क्रोध प्रकट कर रहे हैं); प्रसन्न जानि··डुलावति—एक क्षण के लिए भी श्याम को (हम पर) प्रसन्न हुआ समझती है तो (नहीं नहीं का संकेत देने के लिए) धड़ पर उनका सिर हिलवाने लगती है।

2. जबहिं बन··परी—ज्योंही वन में बजनेवाली मुरली की ध्वनि कानों में पड़ी; बिसरी—भूल गई; नैकुँहँ—जरा भी; ललना—युवतियाँ; जल की ढरनि

ढरी—पानी के प्रवाह की तरह बह चलीं; अंग मरदन—शरीर की मालिश; जो जिहिं भाँति—खरी—जो जैसे थी वह वैसी ही खड़ी की खड़ी रात में वन को चल पड़ी; भवन जन—घर के लोगों की।

3. मुरली तैं—मुरली के कारण; बन की व्याधि—जंगल में पैदा होनेवाली यह (मुरली रूपी) विपत्ति; अपत—निर्लज्ज, बिना इज्जतवाली; टारी—छोड़ नहीं सकी; उघारी—खोलकर, साफ-साफ; नोखी—अनोखी, विचित्र; और नहीं कछु कारी—क्या और कहीं और कोई नहीं थी (सौत बनने के लिए); इनहूँ तैं···कुल जारी—जो अपना ही कुल जलाकर आई हो उन (मुरली देवी) से और अधिक निष्ठुर कोई क्या होगी; अनखारी—अनख (डाह) रखनेवाली, ईर्ष्यालु।

4. जाति—जात; औगन कहौं उघारि—इसके दुर्गुण खोलकर कहती हूँ; बनहू तैं···उजारि—बन से भी अलग (न्यारो) जहाँ अत्यन्त उजाड़ स्थान है वहाँ इसका घर है (क्योंकि बाँस घने जंगल से बाहर उजाड़ स्थान पर पैदा होता है); एक तैं एक—एक से बढ़कर एक; गुनति हैं पूरे—गुणों से भरे हैं; आयु—स्वयं (यह मुरली); विसवासिनि—विश्वासघातिनी; पर काज न जानै—दूसरे (की भलाई) का काम; सुनहु···कर्म—अब इस मुरली के पिता बादल और माँ पृथ्वी के कर्म सुनो।

5. कुलधर्म—कुल का धर्म; पै—बादल; अवगाह—अथाह; छोह—क्षोभ।

बाललीला : सूरदास ने जिस सहृदयता, आत्मीयता और विस्तार से बाललीला का चित्रण किया है उसी सहृदयता, रसिकता और विस्तार से युवक कृष्ण और युवती गोपियों की प्रेम-लीला का भी मनोहारी (और प्रायः उत्तेजक) चित्रण किया है। बचपन से साथ-साथ खेलने-कूदनेवाले जब थोड़े बड़े हो जाते हैं तो उनमें आपस में कैशोर प्रेम की अनुभूति जगने लगती है। इस प्रेम का अपना अलग ही रंग होता है। सहज साहचर्य किशोर-किशोरियों को कितने भावनात्मक स्तरों पर जोड़ता और तोड़ता है, इसकी बड़ी हो मनोहारी झाँकी हमें गारुड़ीलीला, चीरहरण लीला, रासलीला और दानलीला संबंधी पदों में मिलती है। कृष्ण अपनी समवयस्का गोपियों को कैसे तंग करते हैं, उनको कितना चाहते हैं और अपनी इस चाह को किन-किन तरीकों से, किन-किन रूपों में व्यक्त करते हैं, इसे सूरसागर के उक्त तथा अन्य प्रसंगों में पाया जा सकता है।

1. आवैं—आती हैं; अवार—देर; जैबो—जाना है; पैयाँ लगैं—हम तुम्हारे पैरों पड़ती हैं; डरति हैं भारी—(देर होने से तथा घरवालों की नारजगी से) हम बहुत डर रही हैं ? झगरौ—झगड़ते हो।

2. झुठी बात··जानौं—झूठी बात कम होती है मैं क्या जानूँ ? भजै—चाहता है; अंतरजामी—अंतर्यामी, मन के भीतर की बात जान लेनेवाला; अब दान··दीन्हौ—अब तुमसे दान देते नहीं बन रहा।

3. चरित—लीला; अज हूँ—अब भी; हरि लिए—जबरदस्ती छीन लिया चुरा लिया; लेखौ करि लीजौ—हिसाब कर लो (और भुगतान पूरा न हुआ हो तो उसके बदले कुछ दूध-दही खा लो); सदमाखन—ताजा मक्खन; लीजै दान उगाहु—दान वसूल कर लो; दधिदानी—दही का दान लेनेवाले; कहि कहि प्रकट सुनावहिं—साफ कहकर सुनाएँगी।

4. खरी—खड़ी-खड़ी; परस—स्पर्शः सुभाई—स्वाभाविक रूप से; मानहुँ कंज··कर आइ—मानो कमल (हाथ) अमृत के कौर लिये हुए आकर चंद्रमा (मुँह) से मिल रहा है।

5. सौं—से; औरनि—औरों की; सद—ताजा; लवनी—नवनीत, मक्खन; अल्प—थोड़ा; हेरौ—देखा; मधुरैं—धीरे से, माधुर्यभाव से भर कर।

6. ये ही पै—ये (श्रीकृष्ण) स्वयं ही; ग्वालनि—ग्वाल बालों के साथ; माँझ—में; अघाने—तृप्त हो गए; भानैं—तोड़ देते हैं।

7. दिवस पहर घटिका पल—दिन, पहर, घड़ी और क्षण, तुम बिन घर··कूप—तुम्हारे बिना घर जंगल के अंदर के कुएँ की तरह (निरर्थक और भयानक) है।

भ्रमरगीत प्रसंग : शृंगार के संयोग या संभोग पक्ष का विशाद चित्रण अगर ब्रज, गोकुल और वृंदावन की विविध लीलाओं में हुआ है तो वियोग पक्ष का चित्रण श्रीकृष्ण के मथुरा चले जाने और वहाँ से कृष्ण का दूत बनकर उद्धव के गोकुल आने के बाद के प्रसंगों में हुआ है। निर्गुण ब्रह्म की उपासना का उपदेश देने और उद्धव के उक्त उपदेश का गोपियों द्वारा उपहास किए जाने के इस प्रसंग को 'भ्रमरगीत प्रसंग' कहा जाता है। अन्य प्रसंगों की तरह ही सूरदास ने अपनी विलक्षण काव्य-प्रतिभा से इस प्रसंग को अत्यंत मनोहारी बना दिया है। उद्धव द्वारा सिखाए

गए अशरीरी प्रेम की जगह गोपियों ने शरीरी प्रेम की हार्दिकता एवं मोहकता का जो रूप इस प्रसंग में सामने रखा है वह अपनी साहित्यिकता में अद्वितीय है।

1. इस पद में श्रीकृष्ण ने उद्धव को तत्काल ब्रज में जाकर गोपियों को निर्गुण प्रेम का उपदेश देने और इस प्रकार उनकी विरह पीड़ा को दूर करने को कहा है। क्रम—कर्म; पलानो—दौड़कर जाओ; बिरह नदी में भासति—विरह की नदी में डूब रही हैं; आसति—आसत्ति, (ब्रह्म का) सामीप्य अर्थात् मुक्ति।

2. अंतरगति—मन के भीतर; ध्यावहु···मन लाई (उस अविगत निर्गुण ब्रह्म का) दृढ़निश्चय के साथ, मन लगाकर, चित्तरूपी कमल में ध्यान करौ; निगग—वेद; गाय—गाकर; बिलखानी—विलाप कर उठीं, जोर-जोर से रोने लगी।

3. योग ठगौरी—योग रूपी ठगपने का सौदा; ऐसोई फिरि जैहै—ज्यों-का-त्यों वापस चला जाएगा; जोपै—जिन गोपियों के पास; सर न समैहै—हृदय में नहीं अँटेगा; दाख—द्राक्षा, अंगूर; कटुक निबौरी—नीम का कड़वा फल; मूरी—मूली; फेना—खरीद; मूरी के···दैहै—मूली के पत्तों की खरीद के लिए कौन मोती (मुक्ताहल) देगा ?; निरवैहै—साधेगा, निर्वाह करेगा।

4. मधुकर—भ्रमर, गोपियों ने मधुकर संबोधन का प्रयोग उद्धव के लिए किया है; मधुकर कहि समुझाइ—उद्धवजी, समझाकर कहो; सौंह दै···हाँसी—कसम देकर सच पूछ रही हैं, मजाक (हाँसी) नहीं कर रही हैं; कहियत—कहीं जाती है; अभिलासी—रुचि है; गाँसी—कपट की बात; पावैगो···गाँसी—अगर तुम छल-कपट की बात करोगे तो अपने इस धोखे वाले काम का वैसा ही फल पाओगे; मति—बुद्धि।

5. ऊधौ जाहु···जाने—उद्धवजी आप लौट जाइए हमने आपको समझ लिया; स्याम तुम्है···भुलाने—श्रीकृष्ण ने आपको यहाँ नहीं भेजा, आप बीच में ही रास्ता भूल गए हैं; बिबेक—समझदारी; नए अयाने—नए मूर्ख; अपाने—अपने; दसा दिगंबर—एकदम नंगे होने की हालत; सँमुख करौ पहिचाने—जरा अपनी आँखों के सामने प्रत्यक्ष करके पहचानो; निदाने—अंतिम (असली) बात।

6. अराध—आराधना करे; तुव—आपके; ईस—निर्गुण ब्रह्म; सीस—शिर; स्वासा—साँसें; आशा—श्रीकृष्ण से मिलने की आशा; जीवहिं कोटि बरीस—हमारे श्याम करोड़ों वर्ष जीते रहें; जोग के ईस—योग के मालिक; पुरवौ—सत्य सिद्ध करो, पूरी करो।

7. पावस—वर्षाऋतु; बिदमान—विद्यमान, प्रत्यक्ष; श्यामसुंदर के··सुभाव—कृष्ण का सारा स्वभाव (रुचि-अरुचि) आप जानते हैं; उपाव—उपाय, प्रयास।

8. धाय—दूसरे के बच्चे को पालनीवाली दाई; तातोजल—गर्म पानी (नहाने के लिए); भजि जाते—भाग जाते थे; क्रम-क्रम करिकै न्हाते—पहले पैर, फिर हाथ, फिर मुँह आदि को बारी-बारी से भिगोकर नहाते थे; टेव—लत, आदत; तऊ—फिर भी।

9. यह पद उस प्रसंग का है जब उद्धव गोपियों की सगुण प्रीति से हराकर श्रीकृष्ण के पास मथुरा वापस चलते हैं। पंगु—गतिहीन, हिलने-डुलने में असमर्थ; भयौं—हो गया हूँ; चेरों—दास; अति अज्ञान··वहि केरो—जिनकी बातों को अत्यंत अज्ञानवाली कहता आया था अब उन्हीं गोपियों या उसी राधा का दूत बनकर वापस जा रहा हूँ। सूर मधुप·· बेरो··सूरदास कहते हैं कि गोपियों से ऐसा कह और योग के बेड़े को डुबा (बोरि) कर उद्धव मथुरा के लिए उठकर चल पड़े।

गोस्वामी तुलसीदास

विनय के पद : 'विनय पत्रिका' गोस्वामीजी की विलक्षण कृति है। भक्ति के स्फुट पदोंवाली यह कृति राम के दरबार में भक्ति और कृपा के लिए दी गई लंबी अर्जी है, जिस पर बहुत ही उत्तम रचना है।

1. हौं—मैं; दानि—दाता; पातकी—पापी; पाप पुंजहारी—पापों के समूह का नाश करनेवाले; आरत—आर्त, दुःखी; आरतिहर—दुःखों को हर लेनेवाला; हित—हितकारी।

2. सो—उसको; सनेही—प्यारा; महतारी—माँ (कैकेयी); मुदमंगलकारी—आनंद और कल्याण करनेवाले; नाते नेह जहा लौं—जिसने सुहृद और अच्छी तरह पूजने योग्य हैं, वे सब श्री रघुनाथजी के ही संबंध और प्रेम से माने जाते हैं; एतो मतो हमारो—हमारा तो यही मत है।

बाललीला : रामचरितमानस और गीतावली में राम और उनके भाइयों की बाललीला का गोस्वामीजी ने विस्तार से चित्रण किया है। सरलता और मनोहारिता की दृष्टि से, संक्षिप्त होते हुए भी, कवितावली की बाललीला अधिक अच्छी है।

1. सरोरुह लोचन—कमल की तरह आँखें हैं; कंज—कमल; मंजुलताई—शोभा; भूरि—अत्यधिक; अनंग—सबसे सुंदर माने जानेवाले, कामदेव; दमकैं—चमकती हैं; दतियाँ—दँतुलियाँ, छोटे-छोटे दाँत; दुति—चमक; दामिनि—बिजली; कल—मनोहारी; बालविनोद—बाल लीलाएँ; अवधेश—दशरथ; बिहरैं—विहार करें या विहार करते हैं।

2. ससि—चंद्रमा; आरि करैं—हठ करते हैं; प्रतिबिंब—अपनी परछाहीं; निहारि—देखकर; करताल—ताली; मोद—आनंद; रिसिआइ—रूठकर, क्रुद्ध होकर; हठिकै—हठपूर्वक; अरैं—अड़ते हैं, ज़िद करते हैं।

3. पदकंजनि—कमल जैसे चरणों में; मंजु—मनोहर; वनी पनहीं—जूतियाँ शोभित हैं; धनुहीं सर—छोटे-छोटे धनुष और बाण; पंकजपानि—कमल जैसे हाथों में; लरिका सँग—बच्चों के साथ; चौहट—चौराहों पर; हिएँ—हृदय में; नर वे··जिएँ—वे लोग (जो इन बच्चों से प्रेम नहीं करते) गधों, सुअरों और कुत्तों के समान हैं, बताइए संसार में उनके जीने का क्या फल (लाभ) है ? कहौ—बताइए।

वनगमन : रामकथा में वन-गमन प्रसंग बहुत महत्त्वपूर्ण है। बाप के राज को राहगीर जैसे निस्पृहभाव से छोड़कर राम, लक्ष्मण और सीता को वनगमन ने गोस्वामीजी के भावुक भक्त हृदय को बहुत गहरे तक प्रभावित किया है। अतः उन्होंने अपनी हर कृति में इस प्रसंग का बहुत ही प्रभावक्षम वर्णन किया है। नीचे के पद 'कवितावली' से लिए गए हैं।

1. कीर—तोता; कागर—पंख; नृपचीर बिभूषन—राजसी वस्त्र और अलंकार; उप्पम—उपमा; कीर के कागर··पाई—वसंत ऋतु आने पर तोतों के पंख झड़ जाते हैं और उनकी जगह नए पंख उग आते हैं। गोस्वामीजी कहते हैं कि राजसी वस्त्रों और अलंकारों का त्याग करके श्रीराम के अंगों को वैसी ही नई शोभा प्राप्त हुई जैसे तोते को पुराने पंख गिर जाने और नए पंख उग आने पर मिलती है। औध—अवध, अयोध्या; रूख—वृक्ष; लुगाई—औरतें; औध तजी लुगाई—राम ने अवध को उसी निस्पृह भाव से छोड़ दिया जैसे राहगीर रास्ते के उस वृक्ष को

छोड़कर चल देता है जिसके नीचे बैठकर वह विश्राम करता है। अवध के स्त्री-पुरुषों को राम ने वैसे ही छोड़ दिया जैसे राहगीर रास्ते के साथियों को छोड़ देता है। पुनीत प्रिया—पवित्र आचरणवाली पत्नी; राजिव लोचन—कमल जैसे नेत्र वाले; बटाऊ—राहगीर।

2. पुर तें निकसीं—नगर (अयोध्या) से निकलीं; रघुबीर बधू—सीता; धरिवीर⋯द्वै—मार्ग में दो कदम ही चलीं—वह भी बहुत धैर्य धारण करके; भाल—माथे पर; कनी—कण, बूँदें; जल की—पसीने की; पुट—ओठों के ऊपरी पपोटे; फिरि—घूमकर; केतिक—कितना; पर्णकुटी—घास-फूस की झोंपड़ी; करिहौ—बनाओगे; कितह्वै—कहाँ चलकर; तिय—पत्नी; आतुरता—अधीरता, उतावली; पिय की⋯च्वै—प्रियतम (राम) की अत्यंत मनोहर आँखों से आँसू बहने लगे; चारु—सुंदर; जल—आँसू; च्वै—चूने लगा, बहने लगा।

3. जल को गए—पानी लेने गए; लक्खन हैं लरिका—लक्ष्मण बच्चे हैं; परिखौ—प्रतीक्षा (इंतजार) कर लो; छाहँ—पेड़ की छाया में; घरीक—एक घड़ी, थोड़ी देर; पसेऊ—पसीना; बयारि करौं—हवा कर दूँ, पंखा झल दूँ; पाय पखारिहौ—पैर धो दूँगी; भूमुरि—सूर्य की गर्मी से जलती हुई धूल; डाढ़ें—दग्ध, जले हुए; बिलंब लौं—देर तक; कंटक काढ़े—(दिखाने के लिए) पैर से काँटे निकालते रहे; वारि—जल, आँसू; बिलोचन बाढ़े—आँखों में भर आए।

लक्ष्मण-मूर्च्छा : रामकथा के अत्यधिक प्रभावशाली प्रसंगों में लंका में राम-रावण युद्ध के समय की लक्ष्मणमूर्च्छा भी एक है। सूर्य उगने से पहले अगर बेहोशी समाप्त न होती तो लक्ष्मण की मौत निश्चित थी। अपनी काव्यकृतियों में गोस्वामीजी ने इस प्रसंग का विविध रूपों में विस्तार से वर्णन-चित्रण किया है। प्रस्तुत अंश 'गीतावली' से लिया गया है।

1. मूर्च्छित लक्ष्मण को देखकर करुण विलाप करते हुए राम कहते हैं—थाको—समाप्त हो गया, रुक गया; बिपति बँटावन⋯बिनु—विपत्ति को बाँटने वाले भाई रूपी बाँह के बिना; काको—किसका; फेर्‌यो बदन विधाता—विधाता ने मेरी ओर से मुँह फेर लिया है, विमुख हो गए हैं; समर-संकट—युद्ध का संकट; सो—जैसा; गिरि कानन—पर्वत और वन; साखामृग—बंदर; हौं पुनि—सँघाती—मैं भाई लक्ष्मण का साथी बनूँगा—उन्हीं के साथ मर जाऊँगा; रही सोच⋯छाती—हृदय

में यही चिंता भरी हुई है; हिय हारे—मन से हार गए; बोलि—बुलाकर; पचारे—उत्साहित किया।

2. श्रीराम के विलाप से उत्तेजित और जामवंत द्वारा उत्साहित होकर हनुमानजी ने कहा कि जौं—यदि; हौं—मैं; अनुसासन—रामचंद्रजी का आदेश; निचोरि चैल ज्यों—भीगे कपड़े की तरह निचोड़कर; आनि सुधा¨नावौं—अमृत लाकर फिर आपको प्रणाम करूँ; सिर नावौं—सिर झुकाऊँ, कै पाताल¨लावौं—या पाताल में (अमृत कुंभ की रक्षा करनेवाले) साँपों के समूह को मार दूँ (दलौं) और अमृत कुंड को धरती पर ले आऊँ; भेदि भुवन¨दै तावौं—भुवनकोश को फोड़कर सूर्य को बाहर निकाल लाऊँ और फिर तुरंत ही उस छेद पर राहु को रखकर उसे मूँद दूँ (जिससे सूर्य उदय ही न हो सके और न लक्ष्मण मर सकें); तावौं—मूँद दूँ; बिबुध बैद—देवताओं के वैद्य अश्विनीकुमार; बरबस—जबरदस्ती; आनौं—ले आऊँ; धरि—पकड़कर; अनुग—अनुचर, सेवक; मीच—मृत्यु; नीच मूषक ज्यों—मामूली चूहे की तरह; पाप बहावौं—पाप काट दूँ; तुम्हरेहि कृपा प्रताप तिहारेहि—(ऊपर गिनाए गए कठिन कामों को अपनी शक्ति से नहीं बल्कि हे राम) आपकी कृपा और आपके ही प्रताप से पूरा करूँगा; नेकु बिलंब न लावौं—जरा भी देर नहीं लगाऊँगा।

3. लक्ष्मण की बेहोशी की दवा—संजीवन बूटी लेने हनुमानजी द्रोणाचल पर्वत पर गए। बूटी को वे पहचान न सके अतः उन्होंने पूरा पहाड़ ही उखाड़ लिया और हाथ पर लेकर आकाश मार्ग से लंका की ओर तेजी से उड़ चले। मारुतनंदन¨लजायौ—पवनपुत्र हनुमान ने पवन, गरुड़ और मन (आदि सभी तेज चलनेवालों की गति को) लज्जित कर दिया; तीखी तुरा¨न आयो—तुलसीदासजी कहते हैं कि मैं हनुमानजी के प्रचंड वेग का वर्णन करता लेकिन हृदय में उस वेग की उपमा की सामग्री ही नहीं सूझी; तीखी तुरा—तीक्ष्ण गति, तेज गति; कहतो—वर्णन करता; हिएँ—हृदय में; समाऊ—समाना; नभ लीक लसी—आसमान में लकीर-सी बन गई; धुकि धायो—तेजी से दौड़े; मानो प्रतच्छ¨धायो—हनुमाजी पर्वत लेकर इतनी तेजी से दौड़े कि आकाश में पर्वत की प्रत्यक्ष लकीर-सी दिखाई देने लगी (उसी तरह जैसे जलती हुई लकड़ी को बहुत तेजी से घुमाया जाए तो एक अटूट लकीर गोले का रूप ले लेती है।

अंगद दौत्य : लंका में राम-रावण युद्ध के समय अंगद राम के दूत बनकर रावण की सभा में गए थे और रावण तथा उसके सभासदों का वर्णन किया है। प्रस्तुत अंश 'रामचरितमानस' से लिया गया है।

1. इहाँ—यहाँ (लंका-स्थित सुबेल पर्वत पर जहाँ राम और उनकी सेना ठहरी थी); मत—सलाह; बेगि—जल्दी; उपाई—उपाय; मंत्र—सलाह (इसी से मंत्री शब्द बनता है); बालिकुमार—बालि के पुत्र (अंगद); सन—से; बुझाइ—समझाकर; तासु—रावण का; ईस राम—भगवान् राम।

2. सहज असंका—स्वभाव से ही निडर; रनबाँकुरा—युद्ध करने में प्रवीण, बंका—बाँके, पराक्रमी; पुर—नगर (लंका); पैठत—प्रवेश करते, घुसते समय; करष—झगड़ा; भँवाई—घुमाकर; न सके पुकारी—(डर के मारे) चीख-पुकार भी नहीं मचा सके; सन—से; मरमु—अलस बात; तासु—रावण के बेटे का; मझारी—में, बीच; धौं—न जाने; कहा—क्या; करतारा—विधाता; सुखाई—सूख जाता है; सिंह ठवनि—शेर की अकड़ या शान से।

3. कीसा—बंदर; आयसु—आदेश, आज्ञा; कपिकुंजरहि—हाथी की तरह विशाल आकारवाले कपि (अंगद) को; बोलि—बुलाकर; सहित प्रान—जैसे—जैसे काजल का जिंदा (सजीव) पहाड़; अनुमाना—की तरह के; मुख नासिका··· अनुमाना—रावण के (दसो) मुहँ नाक, आँखें और कान पर्वत की कंदराओं और खोहों की तरह थे; मन नैकु न मुरा—मन में जरा भी कुंठित नहीं हुए, नहीं झिझके; जूथ—समूह; पंचानन—शेर; सिरु नाइ—विनम्रतापूर्वक।

4. मिताई—मित्रता; तव हित कारन—(अतः) तुम्हारी भलाई के लिए; पुलस्ति—पुलस्त्य नामक ऋषि; नाती—पौत्र, बेटे के बेटे; नृप अभिमान—राजमद, किंबा—अथवा; हरि आनिहु—चुरा लाए; छमिहि—क्षमा कर देंगे; प्रभु—श्रीराम; परिजन—परिवार के लोग; निज नारी—अपनी पत्नी; प्रनतपाल—शरण में आए हुए की रक्षा करनेवाले; आरत गिरा—दुःख से भरी विनम्र बात।

5. कपि पोत—बंदर के बच्चे; सुरारी—देवताओं का शत्रु; भई ही भेटा—भेंट हुई थी; बंस—(1) वंश, (2) बाँस; उपजेहु बंस··· कुल घालक—अरे कुलनाशक; तू तो अपने कुल रूपी बाँस के लिए (उसे जला देनेवाली) आग के रूप में पैदा हुआ है; गर्भ न गयउ—माँ के पेट में ही तुम क्यों नहीं मर गए; व्यर्थ··· जायहु—तुम निरर्थक ही पैदा हुए; तापस—तपस्वी; दिन दस जाई—दस दिनों (कुछ दिनों) में (मरने के

बाद) बालि के पास जाकर; पहिं—पास; जसि—जैसा; सोई—वह बालि ही; भेद होइ मन ताके—भेद-नीति उसी के मन पर प्रभाव डाल सकती है।

6. कुल बोरा—कुल को डुबो दिया; बिहर न—फट नहीं जाता; नयन तरेरी—आँखें टेढ़ी करके; कृत—की; देखी नयन दूत रखवारी—दूत की रक्षा करनी चाहिए इसे अपनी आँखों देख लिया; भगिनि—बहन (सूर्पणखा); जग जागी—जग जाहिर है, सभी जानते हैं; लोकपाल—राहु—सारे लोकपालों की अपार शक्ति मानो चंद्रमा है जिसे निगल जाने के लिए मेरी सारी (बीस) भुजाएँ राहु की तरह हैं; पुनि नभ सर··सहित कैलास—फिर (तुमने सुना ही होगा कि) आकाश रूपी तालाब में मेरी (बीस) हथेलियों रूप कमलों पर कैलाश पर्वत के साथ शिवजी हंस की तरह शोभित हुए थे—अर्थात् मैंने अपने हाथों पर कैलाश पर्वत सहित शिवजी को उठा लिया था।

7. कटक माँझ—सेना में; भिरिहि—भिड़ सकेगा; कवन—कौन; बद—बताओ; कूल द्रुम—(नदी के) किनारे के पेड़ हो (पता नहीं कब गिरकर नष्ट हो जाओ); अनुज हमार—मेरा छोटा भाई (विभीषण); भीरु अति—अत्यधिक डरपोक है; समर—युद्ध; आरूढ़—तैयार; सो कि होइ—समरारूढ़ा—वह क्या लड़ाई कर सकेगा; सिल्पिकर्म—पत्थर काटने, मूर्ति-भवन आदि बनाने का काम; नाहा—नाथ, स्वामी; अल्प कपि—छोटे-से मामूली बंदर ने; लघु धावन—मामूली-सा दौड़कर चलनेवाला हरकारा; पहिं—पास; लुकाइ—छिपा हुआ; कोह—क्रोध; सोह—शोभा पाए, अच्छा लगे; मृगपति—शेर; बध मेडुकन्हि—मेढक का वध करे; छत्रजाति—क्षत्रिय; रोष—क्रोध; दसमौलि—दस शिरोंवाला (रावण); हित—भलाई।

8. परिहरि लाजा—लाज छोड़कर, निर्लज्ज होकर; पति—स्वामी; रटनि—बक-बक, बकवास; गुनगाहकताई—गुणग्राहकता; पवनसुत—हनुमान; तदपि न··अपकारा—तब भी (अपनी गुणग्राहकता के कारण यही समझा कि) उस (हनुमान) ने आपका कोई अहित नहीं किया; प्रकृति सुहाई—सुन्दर स्वभाव; जो कछु कपि भाषा—हनुमान ने जो कुछ कहा था; माखा—चिढ़; बालि विमल अस··अभिमानी—बालि ने तुम्हें बहुत दिनों अपनी काँख में दबा कर रखा था इस कारण तुम बालि के यश के पात्र हो और इसीलिए ऐ नीच अहंकारी, मैं तुम्हारा वध नहीं करता; सिसुन्ह—बच्चों ने; हयसाला—घुड़साल, अस्तबल; बहोरि—फिर; सहसभुज—सहस्रबाहु; विशेषा—विचित्र; कौतुक लागि—तमाशे के लिए; माख—चिढ़, खीझ।

9. हरगिरि—कैलाश पर्वत (जहाँ शिवजी रहते हैं); लीला—करामात; सुराई—शूरता, वीरता; साला—चुभता हुआ दर्द; उर कठिनाई—मेरे सीने की कठोरता; बरिआई—जबरदस्ती; दसन कराल—भयानक दाँत; न फूटे—मेरा सीना नहीं फट सका; मूलक इव—मूली की तरह; लघु तरनी—छोटी नौका; अलीक—झूठी; प्रलापी—बकवास करनेवाले; बर्बर—जंगली, असभ्य; खर्द—तुच्छ।

10. बंगा—दुष्ट, उद्दंड; धन्वी—धनुर्धारी; पीयूषा—अमृत; वैनतेय—गरुड़; सहसानन—शेषनाग; चिंतामनि उपल—क्या चिंतामणि पत्थर है? हनुमान कपि—क्या हनुमान बंदर है।

11. परिहरि—छोड़कर; सक राखिन—बचा नहीं सकेंगे; जनि मारेसि गाला—डींग मत मार; कंदुक—गेंद; सायक—बाण; गाल—डींग; परजरा—जल उठा, भभक पड़ा; सक्रारि—इंद्र का शत्रु; चराचर झारि—संपूर्ण जड़ चेतन।

12. साखामृग जोरि सहाई—बंदरों की सहायता जुटाकर; नाघहि—पार कर लेते हैं; बारीस—समुद्र; बसीठ—दूत; स्वकर—अपने हाथों; हुने अनल—आग में हवन कर दिए; साखि—साक्षी, गवाह।

13. कपाल—सिर; बाँची—पढ़कर; असाँची—असत्य; जरठमति—बुढ़ाई की भ्रष्ट बुद्धि; भोरें—भूल से; आन—अन्य, दूसरे; उर राखेउ घाली—हृदय में दबा रखा है; देहि अब पूरा—अब बस करो; इंद्रजालि—जादूगर; बहहिं—ढोते हैं; खर—गधा।

14. बतबढ़ाव—झगड़ा बढ़ाना; मान—अभिमान; बसीठी—दूक कर्म के लिए; गजारि—शेर; जसु—यश; शृकाल—गीदड़, सठ—दुष्ट; मुखभंजन—मुँह तोड़ना; बरजोरा—जबरदस्ती; कौतुक—तमाशा; पटकी—पछाड़कर, चित्त करके, हराकर।

15. तदपि—तब भी; बड़ाई—बहादुरी; मुएहि बधें—मरे हुए को मारने से; मनुसाई—बहादुरी; कौल—वाम मार्गी, साधना के समय मांस, शराब आदि का सेवन करनेवाला; कामबस—कामी; कृपिन—कृपण, कंजूस; बिमूढ़ा—भ्रष्ट बुद्धिवाला; अजसी—बदनाम; संतत क्रोधी—हर समय क्रोध में रहनेवाला; श्रुति—वेद; संत—सज्जन; तनु पोषक—शरीर को पुष्ट रखने के लिए मांस आदि खानेवाला; अघखानी—पापी; जीवत सव सम—जिंदा होते हुए भी लाश जैसे; दसि—दंशित करके, दाँतों से काटकर; अधर दसन दसि—क्रोध के कारण निचले

ओठों को दाँतों से काटकर; चहसी—चाहता है; कटु जल्पसि जाके—मूर्ख बंदर, तू जिसके बल पर कड़वी बातें बक रहा है, तार्के—उसमें, उसके पास; अगुन अमान—गुणहीन और मानहीन; जानि—समझकर; जुबती—जवान पत्नी; टेक—जिद।

16. गोघात—गोहत्या; तमकि—क्रोधपूर्वक, आवेश में; खसे—(आसनों पर से) गिर पड़े; मारुत ग्रने—तेज आँधी की चपेट में आए हुए; कछु (दस मुकुटों में से) कुछ को; पवारे—फेंक दिए; लूक—जलती हुई उल्का; कुलिस—वज्र; किरीट—मुकुट; प्रेरे—फेंके हुए, भेजे हुए; बरकि—उछलकर; कर गहे—हाथ में पकड़ लिया; आनि—लाकर; कौतुक—आश्चर्यजनक तमाशा; दिनकर सरिस प्रकास—(रावण के मुकुटों में) सूर्य जैसी चमक थी; उहाँ—वहाँ(अपनी राजसभा में)।

सुभाषित : सुभाषित या सूक्ति ऐसी सुंदर ढंग से कही गई उक्तियों को कहते हैं जिनमें जीवन की कोई सच्चाई, कोई गूढ़ बात होती है। गोस्वामी तुलसीदासजी के काव्य में सुभाषित की भरमार है। यहाँ 'दोहावली' से दोहा छंद में कुछ सुभाषित संग्रह किए गए हैं।

1. दुनिया मतलबी है, हमें रहने पर चरती (क्या खाती है, जलने पर) तापती है—बरे—जलने पर; फरें—फलने पर; स्वारथ मीत सब—सभी स्वार्थ के मित्र हैं; परमारथ-रघुनाथ—दूसरों की जरूरतों की चिंता और पूर्ति केवल राम करते हैं।

2. राम दूर हों तो माया बढ़ती है, मन में हों तो घट जाती है वैसे ही जैसे सूर्य दूर हो तो अपनी छाया लंबी होती है, सूर्य सिर पर हों तो छाया पैरों के नीचे आ जाती है; घटति—घट जाती है, छोटी हो जाती है; भूरि—बहुत लंबी; छाँह—छाया।

3. विचित्र—रंग-बिरंगा; कायर की तरह बोलता है; अहि अहार—साँप खाता है; मन घोर—मन कठोर है; पच्छधर—1. (मोर का) पंख (सिर पर) धारग करनेवाले, 2. पक्ष का समर्थन करनेवाले; मोर—1. मयूर, 2. मेरा; लोग बड़े लोगों को पक्षधर समझकर बुरों को भी अपना कहने लगते हैं। श्रीकृष्ण पक्षघर क्या हुए कि मोर को लोग मोर (अपना) कहने लगे।

4. ग्रह ग्रहीत—ग्रह लगा हो; बातबस—वात रोग हुआ हो; बीछी

मार—बिच्छू डंक मार दे; वारुणी—शराब; कहहु काह उपचार—बताओ क्या दवा है ? अर्थात् कोई दवा नहीं, मरना निश्चित है।

5. मागनो एक—अद्वितीय मंगन; एकदानि—अद्वितीय दाता।

6. प्राणी कैसे जिंदा रहे ? तीनों लोकों में एक ही हाल है। साथ रहनेवाले कच्चा ही खा जाते हैं, नगर में रहनेवाले सभ्य लोग पकाने में चतुर हैं—भून कर खाते हैं, पकाकर खाते हैं, तलकर खाते हैं, पकाने के और भी हजारों प्रकार हैं। भला आकाश पर उड़नेवाले पक्षी (द्युलोक), पृथ्वी पर रहनेवाले जंगली जानवर (भूलोक) और पानी में रहनेवाली मछलियाँ (पाताललोक) किसके साथ मिलकर रहें ?

7. लोकरीति फूटी न कोई—दुनिया की रीति है कि वह आँख का फूट जाना सह लेती है लेकिन आँखों में अंजन लगाने से होनेवाली मामूली जलन नहीं सह पाती। आँधरो—अंधा।

8. अमी—अमृत; मीच—मौत; सुधा सुधाकर—चंद्रमा का अमृत (चंद्रमा अमृतनिधि माना जाता है); कालकूट—सबसे कड़वा और मारक विष।

9. बरषत लोक सब—पानी बरसता देखकर लोग खुश होते हैं। लेकिन सूर्य जब पानी को सुखाकर अपनी ओर भाप के रूप में खींचता है तो कोई नहीं समझ पाता। राजा को भी ऐसा ही होना चाहिए—कर लेते समय पता न चले, राजा से पाते समय प्रसन्नता अनुभव करे। प्रजा के भाग्य से ही ऐसा राजा मिलता है।

10. मुखिया—मालिक, प्रधान, राजा मुख की तरह होना चाहिए। खाता-पीता अकेले मुँह है लेकिन पूरी समझदारी (विवेक) से शरीर के सारे अंगों को पालता और पुष्ट करता है।

बिहारी

1. कोरिक—करोड़ों; जतन—यत्न, उपाय; भी—हो गया है; पानी मैं को लौन—पानी में घुला हुआ नमक।

2. रीझते—प्रसन्न हो जाते थे; बानि—आदत; आजकाल्हि के दानि—आजकल के कृपण दानी जो बहुत अधिक गुण होने पर नहीं रीझते।

3. नग—आभूषणों में जड़े हुए हीरे; दिया बढ़ाऐं हूँ—दीपक बुझा देने पर भी।

4. टेरत दीन रट—दीनता से भरी हुई पुकार लगा रहा हूँ; जगबाइ—दुनिया की हवा, संसार का बुरा प्रभाव (क्योंकि दुनियावाले भी दीनताभरी पुकार को अनसुनी कर देते हैं।)

5. तिथि ज्ञान के दो साधन होते हैं पत्रा (पंचांग) और चंद्रमा। चंद्रमा जैसे मुँहवाली नायिका जहाँ रहती है वहाँ केवल पंचांग से ही तिथि का पता चलता है क्योंकि नायिका का मुँह चंद्रमा की तरह घटता-बढ़ता नहीं अतः उसके घर के चारों ओर रोज पूर्णमाशी ही रहती है।

6. कंज नयनि—कमल जैसी आँखोंवाली नायिका; मंजनु किए··· बार—नहाने के बाद बैठी बाल सुलझा रही है; व्योरति—बाल सुलझा रही है; कच—बाल।

7. अएरि—अपनाकर।

8. कोरिक—करोड़ों; संग्रहौ—संग्रह कर ले, जोड़ ले; लाख हजार—हजार लाख अर्थात दस करोड़; बिपतिबिदारनहार—विपत्तियों का नाश (विदारण) करनेवाले।

9. तंत्रीनाद—तारवाले वीणा आदि वाद्ययंत्रों का स्वर (नाद); कबित्त रस—काव्य का आनंद; सरस राग—रसभरा राग; रति-रंग—स्त्री-संग का आनंद; अनबूड़े बूड़े—जो लोग पूरी तरह डूब नहीं पाते थे मानो डूब ही जाते हैं अर्थात् नष्ट हो जाते हैं; तरे जे···सबअंग—(लेकिन) जो सर्वांग (पूरी तरह) उनमें डूब जाते हैं, लीन हो जाते हैं, वे तर जाते हैं, पार हो जाते हैं।

10. अनुरागी—(1) प्रेमी, (2) लाल रंगवाले (क्योंकि अनुराग का रंग लाल माना जाता है); स्याम रंग—(1) श्रीकृष्ण के रंग (प्रीति) में, (2) काले रंग में —"इस अनुरागी (1. प्रेम परायण, 2. लाल रंगवाले)" मन की (विलक्षण) गति कोई समझ नहीं सकता। यह ज्यों-ज्यों श्यामरंग (1) श्रीकृष्ण के प्रेम में (2) काले रंग (वाले श्रीकृष्ण) में डूबता जाता है त्यों-त्यों उज्ज्वल (1. उजला, सफेद 2. निर्मल, पवित्र) होता जाता है।

11. छला—अँगूठी; छबीले लाल कौ—सुंदर प्रियतम से जो मिला है; कौ—का, से मिली हुई; नबल नेह—नए-नए प्रेम (की निशानी के रूप में);

चुंबति—चूमती है; चाहति—(प्रेम से) देखती है; लाइ उर पहिरति—(प्रेमपूर्वक) सीने से लगाकर फिर पहन लेती है; धरति-उतारि—(कोई देख न ले इसलिए अँगुलियों से) उतारकर रख देती है।

12. सरत—पूरे हो सकते हैं; दमामा—बड़ा नगाड़ा (जो युद्ध के समय बजाने के लिए ऊँट या हाथी पर लादकर ले जाया जाता है); चाम—चर्म, चमड़ी। मढ़्यो जातु—मढ़ा जा सकता है, चमड़ा चढ़ाया जा सकता है।

13. सरै न—पूरा नहीं होता, नहीं बनता; मन काँचै—कच्चे मनवाला, जिसका भक्तिभाव सच्चा नहीं होता; नाचै वृथाँ—व्यर्थ दिखावा करता है; साँचै राँचै रामु—राम सच्चे (भक्तिभाव वाले) से प्रसन्न होते हैं; राँचै—अनुरक्त होता है, प्रसन्न होता है।

14. घरु-घरु—घर-घर; जनु-जनु—हर आदमी से, जाचतु जाइ—जाकर याचना करता है, माँगता है; चसमा—चश्मा (जिसे लगा लेने पर छोटा बड़ा दिखाई देता है); चखनु—आँखों पर।

15. कनक—(1) सोना, (2) धतूरा (जिसका बीज बहुत नशीला होता है)। मादकता—नशीलापन; अधिकाई—अधिक होती है—सोने में धतूरे से अधिक नशा होता है क्योंकि धतूरा खाने पर नशा करता है जबकि सोना पाने पर ही नशा चढ़ जाता है और आदमी पगला जाता है।

16. सोहतु—शोभा पाता है, अच्छा लगता है; संगु समान सौं—बराबरवालों से साथ या मित्रता; पान-पीक⋯जोगु (लाल) ओठों पर पान की लाल पीक और (काली) आँखों में काला काजल उपयुक्त होता है; बनै—ठीक लगता है; जोगु—उपयुक्त होता है।

17. नल नीर—नल द्वारा आनेवाला पानी; गति—चाल, स्थिति; एकै करि जोइ—एक ही जैसी होती (दिखती) है; जेतौ—जितनी; नीचौ—(1) विनम्र, (2) निम्नगामी, नीचे से; तेतौ—उतना; ऊँचौ—(1) ऊँचा, बड़ा, (2) ऊर्ध्वगामी, ऊपर तक पहुँचनेवाला।

18. भूषन-भारु—आभूषणों के भार (वजन) को; सँभारिहै क्यौं—किस तरह सँभाल पाओगी; इहिं तन सुकुमार—इस सुकोमल शरीर पर; धर—धरती पर; सूधे पाइ⋯भार—सौंदर्य के भार से ही तेरे पाँव धरती पर सीधे नहीं पड़ते हैं।

19. आँकु—अंक (जैसे 1, 2, 3, आदि), बेंदी—बिंदु, शून्य की गोल

आकृति; दिए—लगा देने से; तिय-लिलार—स्त्री के ललाट (मस्तक); बेंदी—टीका, गोल तिलक; अगिनितु—बेहिसाब।

20. कोरि जतन—करोड़ों उपाय, कितनी भी मेहनत; प्रकृतिहिँ—स्वभाव में; बीच—अंतर।

21. दृग उरझत—आँखें उलझती (लड़ती) हैं; टूटत कुटुम—परिवार से नाते टूट जाते हैं, जुरत⋯प्रीति—चतुर लोगों के चित्त प्रेम से जुड़ जाते हैं; परति⋯हियैं—दुष्टों के हृदय में गाँठ पड़ जाती है; दई नई यह रीति—हे भगवान् यह तो नई (विलक्षण) रीति है (क्योंकि जो उलझता है वही टूटता है, जो टूटता है वही जुड़ता है और जो जुड़ता है उसी में गाँठ पड़ती है जबकि प्रेम-व्यापार में उलझती हैं आँखें, टूटते हैं पारिवारिक संबंध, जुड़ती है सज्जनों के हृदय में प्रीति और गाँठ पड़ती है जलनेवाले दुष्टों के हृदय में)।

22. भजन कह्यौ—भजने (जपने, भक्ति करने को) कहा गया; तातैं भज्यो—उससे भाग चले, दूर हो गए; भज्यो न एकौ बार—एक बार भी स्मरण नहीं किया; दूरि भजन—दूर भगाने के लिए; भज्यो—साथ लगे रहे, भोगते रहे; गँवार—मूर्ख।

23. मुड़ी—पतंग; लाल कीं—प्रिय की, अँगना—स्त्री, प्रिया; अँगना माँह—आँगन में; बौरो लौं⋯फिरति—पगली की तरह भागती फिरती है; छबीली छाँह—छाया तो काली होती है लेकिन प्रियतम की पतंग की छाया है अतः छाया भी छबीली लगती है।

24. जिससे हानि (बुराई) की संभावना होती है उसी का आदर होता है। भले को भला कहकर उपेक्षित कर दिया जाता है जबकि बुरे ग्रह (की शांति) के लिए जप भी किया जाता है और दान भी।

25. नासा मोरि—नाक चढ़ाकर; नचाइ जे—जिन (भौहों) को नचाकर; करी कका की सौंह—चाचा की कसम खाई; ति—वेही कँटीली भौंहें; काँटे सी हिय कसकैं—काँटे की तरह हृदय में-कसकती (टीसती) रहती हैं।

26. अति अगाधु—अत्यंत अथाह (गहरे); अति औथरौ—अत्यंत उथले (छिछले); कूप—कुएँ; सरु—तालाब; वाइ—वापी, बावली, बावड़ी; सागरु—समुद्र।

27. राजा, पाप (पातक) और रोग ये तीनों कमजोर (निसक—निःशक्त) को

ही दबाते हैं। यहै—यही बात श्रुति, स्मृति और समझदार या अनुभवी (सयाने) लोग कहते हैं।

28. समै समै—अपने-अपने अवसर पर; रुचि—चाह, पसंद; जेती—जितनी; जितै—जिस ओर; तित—वहाँ; तेती—उतनी ही; रुचि—शोभा, सुंदरता; होइ—हो जाती है, जान पड़ती है।

29. घैरु—निंदा; तऊ—फिर भी; घरी—क्षण-भर; न घर ठहराइ—घर में टिक नहीं पाती; समुझि उहीं ··घर जाइ—समझ-बूझकर भी उसी (प्रिय के) घर जाती है और भूलकर भी उसी घर जाती है।

30. बतरस—बातचीत करने का आनंद; लुकाइ—छिपाकर, चुराकर; सौंह करै—(अपने पास न होने या लौटा देने की) कसमें खाती है; भैंहनु हँसै—भौंहों में (शरारत से) हँसती है; दैन कहै—दे देने को कहती है; नटि जाइ—(देने से) मुकर जाती है, मना कर देती है।

31. बिरह-बिकल—विरह से बौखलाई हुई प्रेमिका ने; बिनुही लिखी··पठाइ—बिना लिखे हुए (कोरे कागज को) चिट्ठी (के रूप में) भेज दी; आँक बिहूनियौ—बिना अक्षरों वाली (उस चिट्ठी को); सुचित—मन लगाकर, ध्यानपूर्वक; सूनैं—एकांत में।

32. दोऊ—(प्रेमी और प्रेमिका) दोनों; चोरमिहीचनी खेलु—आँखमिचौनी का खेल; न खेलि अघात—खेलकर तृप्त नहीं हो रहे (क्योंकि यह खेल मात्र नहीं है वस्तुतः) दुरत—छिपते हैं; हियैं लपटाइ कै—सीने से लिपटाकर, आलिंगन करके।

33. लसै—शोभा देता है; नीलैं अंचर चीर—नीली साड़ी (चीर) के आँचल में; कलानिधि—चंद्रमा; कालिंदी—(नीले जलवाली) यमुना।

34. छुटे—खुले हुए, बिना बँधे हुए; छुटावत—छुड़ा देते हैं (दुनियां की किसी और वस्तु में मन नहीं लगता); सटकारे—लंबे; मनु बाँधत बेनी बँधे—(वे ही बाल) जब चोटी में बँध जाते हैं तो मन को बाँध लेते हैं।

35. बिच घूँघट पट झीन—पारदर्शी (झीने) घूँघट में से; सुरसरिता—गंगा; जुग मीन—दो मछलियाँ।

36. चितु—मन; खरौ डरातु—बहुत डरता है; निकलंकु मयंकु—कलंकहीन चंद्रमा; लखि—देखकर; गनैं लोग उतपातु—लोग उत्पात की संभावना करते हैं।

ज्योतिष का मत है कि जब चंद्रमा कलंकहीन दिखाई पड़े तो कोई बड़ा उपद्रव होता है।

37. पटु पाँखै—(तुम्हारे) पंख ही वस्त्र हैं, भखु—भक्ष्य, भोजन की सामग्री; काँकरै—कंकड़; सपर परेई संग—पंखवाली कबूतरी साथ रहती है; परेवा—कबूतर; पुहुमि—पृथ्वी, धरती।

38. कर लै—हाथ पर लेकर; सूँघि—सूँघकर; सराहि—प्रशंसा करके; सबै··मौनु—सभी चुप हो रहे; गवईं—गाँव में; गुलाब—गुलाब जल या गुलाब के इत्र का; गाहक—खरीदार।

39. कोरि—करोड़ों; जतन—यत्न, प्रयास; तपनि—जलन; जो लौं··· लपटाइ—जब तक भीगे कपड़े की तरह प्रियतम (सर्वांग में) लिपट नहीं रहता।

40. सलोनैं गात—सुंदर लावण्ययुक्त शरीर पर; नीलमणि सैल—नीलमणि के पर्वत पर; आतपु पर्‌यो प्रभात—प्रातःकाल की (सुनहरी) धूप पड़ी हुई हो।

घनानन्द

1. आनन गौर—गोरा मुँह; छके दृग—प्रेम के नशे से मस्त आँखें; काननि छ्वै—कानों को छूती हुई अर्थात् बड़ी-बड़ी; कपोल—गालों पर; कलोल करै—हिलती रहती हैं; कल कंठ—सुंदर गला; जलजावलि द्वै—मोतियों की दो लड़वाली माला; धरच्वै—पृथ्वी पर टपक पड़ेगा।

2. रावरे—आपके; अनूप—अद्वितीय, विलक्षण; नयो नयो··निहारिए—ज्यों-ज्यों देखिए हर बार नया-नया लगता है—सौंदर्य की यही परिभाषा भी है—जो क्षण-क्षम नया दिखाई दे उसी को रमणीय कहते हैं—क्षणे-क्षणे यन्नवतामुपैति तदेव रूपं रमणीयतायाः।

3. कानन—जंगल; बावरी—प्रेम में पगलाई हुई; तारनि ताकिबो—(आसमान) के तारों को देखना; तारनि सों—आँखों की पुतलियों से; इकतार न टारति—लगातार (देखना) नहीं छोड़ती, एकटक देखती ही रहती है; भावतो—भानेवाला, प्रिय; गारति—निचोड़ देती है, समाप्त कर देती है; आँसुनि··गारति—(प्रिय के सामने आ जाने पर आँखों में आँसू आ जाते हैं और इस

प्रकार) आँसुओं के प्रवाह के कारण प्रिय को देख पाने का अवसर बीत जाता है; सौंहन—सामने; जोहन—देखने की; लगियै रहै···आरति—आँखों को उतावली (आरति) लगी ही रहती है।

4. तेह—क्रोध, रोष; तोरियै—(प्रेम का नाता) तोड़ देना; निरधार—आधारहीन, बेसहारा, अधार दै—सहारा देकर; धार-मझार—धारा के बीच (डूबते हुए को), गहि बाँह न बोरिए जू—(एक बार) बाँह पकड़कर (सहारा देकर) फिर मत डुबोइए; गुन—(1) गुण, विशेषता, (2) रस्सी; मोह न छोरिए जू—प्यार को मत छोड़िए, रस प्यास कै ज्याय—प्रेम का रस पिलाकर (आनंद देकर) जिलाया; बिसास में—घोरियै जू—क्या विश्वास में इस तरह (यौं) विष घोला जाता है ?; विष घोलना अर्थात् नष्ट करना, असह्य बनाना।

5. पाती मधि—पत्र में; छाती छत—सीने पर लगे घाव; छत—क्षत, घाव; लिखि न जाहिं—लिखा नहीं जाता; न लिखाए जाहिं—न (दूसरों द्वारा) लिखवाया ही जाता; काती—छुरी; बिरह घाती—इस घातक विरह ने; बहकि—लिखना छोड़कर; पाँगुरी—पंगु, गतिहीन, स्थिर; किलकि—चीखकर, कसक कर; आँगुरी—होति (यदि पत्र लिखना शुरू किया जाय तो विरह पीड़ा के कारण) उँगली लिखना छोड़कर बहक जाती है, इधर-उधर हो जाती है और कसककर गतिहीन हो जाती है, चलती ही नहीं; ताती—तप्त, जलन से भरी हुई; राती—(1) लाल, रक्त वर्ण की, (2) अनुरागमयी; दसा—(विरह की) अवस्था; ताती राती—माल है—(क्योंकि) जलनवाली विरह दशा को ज्वाला का समूह (जाल माल) ही समझना चाहिए (जो अँगुलियों को जलाने लगता है); जौ'ब—जो अब; तौ'ब—तो अब'; जौ'ब··काल है—पत्र लिखने में तो ऐसी दुर्दशा है। यदि कहो कि (पत्र न सही) संदेश ही भेज दो तो संदेश सुननेवाला यदि अपने कानों को (दहकते हुए) आवाँ (जिसमें मिट्टी के बर्तन पकाए जाते हैं वह भाड़) की तरह बना ले तब कहीं संदेश सुन सकता है; नेह भीजी—(1) प्रेम से भीगी, (2) स्निग्धता से भीगी; बातें–(1) बातें, (2) बत्तियाँ; उर आँच लागे—हृदय में छिपी विरह की आँच, जागैं—जल उठती है; नेह भीजी—मसाल हैं—प्रेम से भीगी हुई बातें (वचन और बत्तियाँ) ज्योंही जीभ पर लाई जाती हैं हृदय के भीतर से विरह की आग की ऐसी लपटें उठने लगती हैं कि वे (बातें) मशालों की भाँति जल उठती हैं (अतः कहें भी तो कैसे ?)।

6. भटू—(हे) सखी; कट—बीते; करि··महा बिरहा—इस विरह पीड़ा ने

अनेक संकटों में डाल दिया है; तनकौ—थोड़ा भी; समै—समय; बिसमैं—विस्मय में, आश्चर्य में; एकहि बेर—एकबारगी; बटै—उलझ जाती है, उसमें बट पड़ जाती है; बिसमै⋯बटै—बुद्धि एकबारगी अचरज में पड़ जाती है; सपनो सो टरै—जैसे स्वप्न आते और तुरंत निकल जाते हैं; चेटक—जादू, माया; डाढ़त घोटि घटै—शरीर को (घटै) घोटकर या पीसकर जलाता (डाढ़त) है; सपनो⋯घटै—उनसे मिलन का समय सपने की तरह शीघ्रता से बीत जाता है, फिर सौगुनी माया बढ़ती है जो जलाने लगती है और शरीर को घोंट डालती है।

7. कंत⋯निरंतर—प्रिय अगर हृदय के भीतर रहते हैं तो तुम हर समय सुख की राशि क्यों नहीं पाती? तेह—आँच, जलन; वे—वे (लोग); जु—जो (लोग); तचे—पके, उबले; परतंतर—परतंत्र होकर; दंत⋯परतंतर—वे लोग भी जो अपने को प्रेम के वश में मानकर वियोग की आँच में पक चुके हैं (मेरी दशा देखकर आश्चर्य से) दाँतों तले अँगुली दबा लेते हैं; बिन जान सुतंतर—स्वच्छंद वृत्तिवाले सुजान (जान) के बिना या वियोग में; जो दुख देखति हौं—जो दुःख देखती (भोगती) हूँ; जानै वेई दिन राति—(उस दुःख को) वे दिन और रातें ही जानती हैं; बखानेतैं—कहने से; जाय परै⋯अंतर—(अगर कहा जाए तो असली दुःख और कहे गए दुःख में) दिन और रात का (अर्थात् जमीन और आसमान का, एकदम विपरीत) अंतर आ जाता है अर्थात् विरह की पीड़ा बस अनुभव की जा सकती है, कही नहीं जा सकती।

8. सब ही त्यों अनदेखी करी—सभी को देखना छोड़ दिया; गति—दशा; सुनि निरमोही—हे निर्दय सुनो; एक तोही से लगाव—अकेले तुम से प्रेम है; मोही—मुझको, मुझे; कहि ऐसी अति निठुराई कैसे सोही—कहो तो ऐसी अति निष्ठुरता तुम्हें कैसे रुचिकर लगती है?; सोही—सुहाना, अच्छी लगना; विष सी कथानि—विष जैसी (कड़वी और मारक बदनामी की) कथाओं को; मानि सुधा—अमृत मानकर; पान करौं—पी लेती हूँ; जान—सुजान, प्रिय; जीवन निधान—हे प्राणों के सहारे; बिसासी—विश्वासघाती; मारि मति रे—मेरी जान मत मार; भजै—चाहे, प्रेम करे; ताहि तजै—उसी (प्रेम करनेवाले को) क्यों छोड़ा जाय; हति के हितूनि—प्रेमियों को मारकर; कहौ काहू पाई पति रे—कहो किसी ने प्रतिष्ठा पाई है?

9. इत बाँट परी सुधि—मेरे हिस्से में तो आप याद ही पड़ी है; रावने

भूलनि—आपके (हिस्से में मुझे) भूलना पड़ा है; कैसें उराहनो दीजियै जू—उलाहना भी कैसे दूँ ? सीस चढ़ाए लई—जो हिस्से पड़ा है उस सबको शिरोधार्य (स्वीकार) कर लिया; मन भाई—(आपके) मन को अच्छी लगे; तिहारियै—आपकी ही; बातनि—चर्चाएँ करके; जीजियै—जिंदा रहती हूँ; तुम्हें चाड़ कहा—(मुझसे मिलने की) तीव्र इच्छा या उत्कंठा तुम्हें कहाँ ?

10. बीर—भाई; गौन—गमन (तुम चारों ओर जाते हो); बीरी—(किसी काम को पूरा करने का) बीड़ा उठानेवाले; मनैं···वानि दे—अपने मन को मेरी ओर ढलने की आदत डालो; सुखदान—(दुखियों को) सुख का दान (दो); उजियारे—कांतिमान; अंत मोही प्यारे—अंततः मुझे प्यार करनेवाले; अब ह्वै···पहिचानि दै—अब निर्मोही होकर पहचान को भी पीठ दे बैठे हैं, पहचानने से भी इंकार करते हैं; बिरह बिथाहि—आनि दै—विरह की पीड़ा को दूर करनेवाली, संजीवनी बूटी (मूरि) की तरह, जो उनके पैरों की धूल है, उसे हे पवन, उड़ा के ले आ जिससे उसे मैं अपनी आँखों में भर लूँ।

11. परकाजहि—दूसरों के काम (उपकार) के लिए; परजन्य—(1) बादल, (2) दूसरों के लिए जन्म लेनेवाला; जथारथ···दरसौ—(अपने नाम को) यथार्थ (जैसा अर्थ है वैसा) बन दिखाओ; निधि नीर—समुद्र के खारे पानी को हे बादल तुम सुधा (अमृत) के समान मीठा कर देते हो! सज्जनता सरसौ—सज्जनता फैलाते हो; बिसासी—विश्वासघाती; मों अँसुवानहिं लै बरसौ—मेरे (खारे) आँसुओं को लेकर (और उन्हें मीठा बनाकर) सुजान के आँगन में बरसो।

12. अति सूधो···बाँक नहीं—प्रेम का मार्ग बहुत सीधा है इसमें टेढ़ी चतुराई थोड़ी भी नहीं (यहाँ कुटिलता का नाम भी नहीं होता); तहाँ साँचे···नहीं—इस प्रेम मार्ग पर सच्चे लोग अपनापन (अहं) छोड़कर चलते हैं और कपटी निश्शंक न होने के कारण झिझकते हैं; आँक—अंकन; रेखा यहाँ एक तें—आँक नहीं—यह एक प्रेम की रेखा खिंच गई तो खिंच गई अब दूसरी रेखा नहीं खिंच सकती; कौन धौं—कौन-सी; पाटी पढ़े—पट्टी पढ़ी है, शिक्षा पाई है; मन—(1) मेरा मन, (2) एक मन (चालीस सेर); लेहु—लेते हो, छटाँक—(1) अपनी छटा (सुंदरता) का अंश (थोड़ा भाग), (2) छटाँक—पाँच तोले भर वजन की वस्तु—मन भर ले लेते हो छटाँक भर नहीं देते, मेरा मन ले लेते हो अपना दर्शन नहीं देते।

13. बैर काढ़ति—बैर का बदला लेती है; कोरि लै—खरोंच कर बाहर

निकाल लो; पैड़े परे—पीछे पड़ गए हैं; कलापी—मोर पक्षी; घेरौदल जोरि लै—घेरनेवाली सेना जुटा लो; विनोद बरसावन—प्रसन्नता बरसानेवाले (प्रियतम); बजमारे—(1) वज्र (बिजली) मारनेवाले, (2) जो वज्र मारने पर भी न मरे; घोरि लै—गर्जन कर लो, गरज लो।

14. बहुतायन—बहुतों के फेर में; अकलैन—(मुझ) अकेले से प्रेम करनेवाली की, अनन्य प्रेमी की; बेदन—पीड़ा, दर्द; हौ मनमोहन—आप तो दूसरों का मन मोहनेवाले हैं, स्वयं आपका मन तो किसी पर मुग्ध हुआ नहीं; बिथा बिमनैन की—(किसी पर मोहित होकर) बेमन हो जानेवाले की पीड़ा; मानो कहा तुम—आप समझ कैसे सकते हैं?; बौरे—आनौ कहा तुम—आप सुजान होकर, विरह में पागल हो जानेवाले वियोगियों को, अपने हृदय में स्थान कैसे दे सकते हैं? (क्योंकि चतुराई तो यही है कि पागलों के चक्कर में न पड़ा जाए; आरतिवंत पपीहन को—दुःखी पपीहों को; घनआनँद जू—हे घने आनंद के स्वरूप; पहिचानौ कहा तुम—आप कहाँ पहचानते हैं?

□□□